門上武司の僕を呼ぶ料理店　目次

まえがき

いつごろからか、おいしい料理を食べるより、料理人と言葉を交わすことが面白いと思うようになってきた。もちろん、旨いのは当たり前のこと。しかし、味わいは個人の趣向によるところが大きい。環境や文化によっても異なることが多々ある。

だが、モノを作る人たちには、その人ならではの考え方がある。美学と呼ぶ人もいれば、哲学とする人もいる。それを知るというか理解することは、本を読んだり、映画を見たり、音楽を聴いたり、スポーツを観たりすること、ひいては恋愛することとも同じ歓びを見出すことだと感じていた。

食べることは人間らしい行為だ。だが、その作り手について考えることも、また人間らしく、僕の感性や感情、そして思考にも大きな影響を与えてくれるものだと思っている。

『あまから手帖』で「僕を呼ぶ店」という大仰なタイトルで連載を始め5年目を迎える。僕は、料理は人間の肉体を通過したものであるということを改めて感じた。そこには強い意志と集中力、心情などが大きく左右する。極めて繊細な違いが生み出す神秘が、料理の中には隠されている。

それを司る人の考えに触れる。そこからいくつもの想像をめぐらし、料理を食し、次回への期待を膨らませてゆく。ドラマや物語だけが先行するのではないが、やはり人間は考えることによって、味わう楽しみを知る動物なのである。

関西で美味なる料理を作る50名との交流から、この一冊は生まれました。それぞれの交流をお楽しみ頂ければと思います。

本書は『あまから手帖』2007年2月号～2011年8月号に掲載された「僕を呼ぶ店」に加筆・修正したものです。本書では取材時の雰囲気を尊重する為、本文は雑誌に掲載された当時のデータを使用しています。

写真　　　　　　　　鈴木誠一
装丁・本文デザイン　矢野晋作（yanodesign）

門上武司の

僕を呼ぶ料理店

ストイックな主人が供す
伝統に新たな解釈を加味した中華

中国菜 一碗水《イーワンスイ》

一生が修業

12席のカウンターは連日満席。調理もサービスもすべて一人でまかなう。営業時間中も予約の電話が鳴り続ける。受話器を耳と肩で挟みながら調理を続ける。誰もが唖然とする光景である。

大阪・堺筋本町『一碗水』。主は南 茂樹さん、36歳。開店から4年半が過ぎた。「一生修業ですから、教えるより学びたいという気持ちが強いんです」と、一人で仕事を続ける理由を少しくぐもった低い声で話す。

南さんは京都出身。実家が中華料理店を営んでいたこともあり、小さい頃から料理には親しんでいた。高校卒業後はカナダに留学し、帰国後は関西の中華料理店や実家で修業を重ねた。とあるきっかけで店を畳み、東京に出る。10年ほど前のことだ。吉祥寺にある『知味《ちみ》 竹爐山房《ちくろさんぼう》』、主は山本 豊さん。ここで、南さんの料理人人生に大きな変化が訪れた。同店は、これまでの中華料理の概念を覆したとして注目を浴びていた一軒であった。

それまでの南さんの修業は技術習得を主としたもので、いかに素早く仕上げるかに腐心していた。ところが山本さんは、「旬の素材を使うこと。古典を学ぶことの重要さ」をまず教えたのである。「自分が作っていた料理とは全く違うもの、すべてが斬新でした」と南さんは話し、「今も当時の料理はしっかり覚えてますし、作り続けています。これが礎《いしずえ》です」と言い切った。山本さんの料理が、どれだけ鮮烈に南さんの心をとらえたかよく分かる。

中国の古典、つまり伝統の料理を基礎としながら、そこに和の技法や西洋の野菜を盛り込むのが山本流である。初めて『一碗水』で食べたときに、春巻が供された。「筍やフキノトウなど、春の素材を巻き込むから春巻なんです」との南さんの説明に、驚き、そして納得した。旬の素材を使うという教えを正しく継承し、そこから逸脱した料理を目指すことはない、という南さんの考えが、僕には強く伝わってきたからだ。

伝統に忍ばせる個性

古典料理の精錬のために、中国料理の解説書は相当な量を読んだという。新たな中華料理が続々と登場する中、古典を学ぶには書物をあたるしかない。南さんは今も、上京する機会があると、出物の書籍を求めて神田の古書店街を歩き回るという。そんな姿勢だから、南さんの料理について質問を投げかけると、その歴史から調理法に至るまでを丁寧に解説してくれる。蘊蓄《うんちく》をひけらかしているのではなく、「そこから発想を得て自分の料理を作りました」という南さんの言外の主張なのだ。伝統をそのまま再現しただけの料理に、南さんは興味を示さない。古典を出自としながらも、彼の料理には、ならではの個性がくっきりと刻み込まれている。

例えば北京料理。冬の北京の常備菜に「酸白菜《スワンバイツァイ》」がある。時間をかけて白菜を乳酸発酵させたもので、日本でいう古漬けに似ている。南さんは、これを風味付けとして煮物や炒め物に使う。また、北京では淡水魚を使うことが多いが、日本の中華だからと海水魚を使い、南さんならではの北京料理として成立させる。きちんと理論を修得しているからこそのアレンジであり、僕たちには新鮮な料理として映る。だが、そのルーツは古典的・伝統的な料理、というのが僕を惹《ひ》きつけて離さない。そんな料理が次々と登場するのだから、予約の電話が鳴りやまないわけである。そして、店を訪れた人はリピーターとなり、次回の予約を取り付けるから、ますます満席が続く。

好きな作家は…

「古来、中国料理は特別な素材を使うのではなく、安い素材に手を加えておいしくするもの。あれだけの人口の食を賄うには、やはり食材の量と、その調理が重要なんです」とは、中華料理が背負う命題を言い当てた言葉だ。満漢全席のように高価な素材を使うこともあるが、これはもともと満族・漢族の融和を図るための政治手段の一つである。一般人の食事となれば、前述の言葉が生きてくる。

つまり南さんは、自分なりの中国の日常食

を提供しようとしているのだ。一時の流行に流されることなく、上滑りすることなく、両足を大地にしっかり下ろし、真っ正面から中華料理に取り組んでいる。

好きな作家を聞けば、司馬遼太郎、高橋克彦の名前が挙がった。二人の共通点は、史実を十二分に検証しながら自らの歴史観を打ち立ててゆくところ。その表現に違いこそあれ、古典を押さえながら自分なりの解釈を加えてゆくあたりは南さんの料理理論と同じだ。エッセイでは椎名 誠さんだという。一見豪放磊落《らいらく》に見える椎名さんだが、その内面は実にストイックで、常にギリギリの緊張感ある世界を求めている。やはり、南さんの料理に通底するものがある。

繋がる料理の中で

料理には、作る人、料理人の性格が必ず表れる。南さんの場合はそれが顕著である。探求心にあふれ、ストイック。「昔は、今のような大火力のコンロなどありませんから、古い文献を読むと、ただ煮るとか和《あ》えるとかの料理が多い。和食に近いものを感じますよね。最近、食材として興味を持っているからすみ。これに類する食品は各国で作られていますし、中華の食材にも西洋のハムやベーコンと似たものがある。世界中のいろんな料理が、どこかで繋がっているんです。その中で自分のやるべきことは、いかに中華料理らしさを出すかということ」と。その研究熱心さから多くの料理人と接するようになり、南さんの料理に対する興味はさらに広がり、また文献を渉猟《しょうりょう》する機会も増えた。
ある中国料理の研究家が「大阪の中華料理も、『一碗水』のような店がもう4～5軒増えればもっと面白くなるのにね」とつぶやいたことを思い出した。確かにそうかもしれない。

だが、当面の僕の興味は、南さんが今後どんな店を、どんな料理を作り上げていくのか、そちらに絞られているのである。

（2007年2月号掲載）

中国菜 一碗水《イーワンスイ》

◆大阪市中央区安土町1-4-5 大阪屋本町ビル1F ☎06･6263･5190 ㊫月曜～金曜11:30～売り切れ次第終了（数量限定ランチ）、18:00～21:30㊤ ㊡日曜、祝日 ㊚地下鉄各線堺筋本町駅から㊸5分 ㊇必要 ㋕不可 ㊛カウンター12席 ※全席禁煙 ㊎ランチ1000円、夜6000円のコースのみ。

（P13）
上／甲イカの卵腺入り北京風酸辣湯（サンラータン）。白コショウの辛みが鮮烈な、山東地方の伝統料理。下／キノコ類、髪菜（かみな）など18種の野菜を炒め煮にした羅漢斎藤（ローハンチャイ）。両料理とも取材時のコースメニューから。要予約。

静かなるシェフが腕をふるう
彩り豊かで、饒舌な料理

御影 ジュエンヌ

寡黙と饒舌

神戸から西宮に向かう山手幹線を走る。目指すその店は、『御影 ジュエンヌ』。以前は『ビストロ ジュエンヌ』という名であった。骨太でしっかりした料理に魅了された、かつての思

いがよみがえる。1年前に大改装を行ったという。どきどきする。どのように変わっただろうか。改装で味が落ちることはままある。幾ばくかの不安も覚える。

店の前を何度も通り過ぎてしまった。見過ごしたのは、あまりにもエントランスが変わっていたからだ。しかし、店内にはそれに倍する驚きが待っていた。昔日のビストロ風情はすっかり払拭《ふっしょく》され、カウンターがメインとなっていたのだ。大川尚宏《たかひろ》シェフは、カウンター越しの客に積極的に話しかけるタイプではない。むしろ、寡黙で無骨といえる人物。それなのに。余計に不安が募る。

カウンターの中で、シェフは静かに料理を作る。アミューズの赤ピーマンのムース。以前から定番であった懐かしいメニューだ。スプーンで口にはこぶ。霧が晴れるように口中にピーマンの甘さと香りだけが残り、あとはすっと溶けてゆく。トマトのクーリー（ピューレ）も軽やか。味にブレはなく、不安は解消である。続く魚介のサラダ。長い皿に立体的な盛付け。心臓を射ぬかれた感覚で、しばらく凝視していたほどだ。アシアカエビ、小ダコ、ハリイカに、柿、ニンジン、赤大根などが入る。素材の味わい、輪郭はしっかり。バランスも申し分ない。

そこからは供されるや否やの勢いで、ゴボウのスープ、フォアグラとエビ芋、金柑《キンカン》のシャーベット、猪のローストまで留《とど》まることなく食べ続けた。そして、食べ終えてからも笑みを止めることができなかった。

シェフは、スタッフに指示を出すほかはほとんど喋《しゃべ》らない。これがこのカウンターの醍醐味かと、僕は勝手に解釈した。シェフは雄弁ではないが、その分、まるでオペラを鑑賞するように、料理が緩急をつけ、饒舌《じょうぜつ》に、彩り豊かに語りかけてくるのだ。

衝撃、即、辞表

大川さんの経歴に触れよう。現在46歳。中学卒業後、京都のとあるドライブインで料理人として働き始める。2年後、今はなき大阪・ホテルプラザのフランス料理店『ランデブーグリル』で食事をした。「テーブルへのエスコートの動きから、前菜やスープの温度、味わい、何もかもが衝撃でした」。翌日、ドライブインの料理長に辞表を出した。「お前、どこへ行くつもりや?」「ホテルプラザで働きます」「あほか」。料理長とのやりとり。無謀である。

寛大な料理長の紹介で、大阪を代表する料亭『花外楼』の洋食部門に入る。このとき18歳。皿洗いとまかないの飯炊きが仕事。誰よりも早く店に出て、冷蔵庫を開けて試作を繰り返す。むさぼるようにフランス料理の書物を読む。「京都から大阪までの通勤時間は、辞書を片手に原書を読みました」。だが、店は会員制の古典的な高級レストラン。料理の幅を広げようと、休日ごとに各地のフランス料理を食べに行く。食べ歩きと書物が師匠である。ここで5年間勤め、北新地のフレンチ懐石店で1年半、出張料理を2年、心斎橋のレストランでシェフを2年。そして28歳で独立となる。

一番あかんこと

「フランス料理は神戸、という思い込みもあったので」と、御影で店を開いて18年が経《た》つ。開店当初の決意が面白い。打倒『ジャン・ムーラン』(01年に閉店)である。「地域で一番」を飛び越え、当時関西屈指のフランス料理店をいきなり目標にした。市場では、同店の美木剛シェフと同じ魚を仕入れる。高級食材を買い揃える。ドライブインを辞したとき同様に突っ走る。おとなしそうでいて、内側はマグマのようにたぎっているのだ。もっとも「美木さんにはとてもかなわないと、今では思っています」とやや恥ずかしそう。その美木さんも現在は常連の一人で、オーナーとしての姿勢など、アドバイスをもらえる関係となった。

店は順調であった。が、同じ環境で17年も仕事を続けていればエンジンの回転数は落ちる。40代も半ばにさしかかり、「違う環境を作らないと進化はない。今がその最後のチャンスだ」と大改装に踏み切った。カウンター中心へのシフトについては、件《くだん》の美木さんから「お前が世の中でいちばんしたらあかんことや」と言われたが、それがバネとなり、エンジンの調子が上がった。

料理のことだけを考えてきた。しかし、「それでは人間としてスカスカになるような気がしたんです」。自分が見えている人なのだ。カウンターはオープンキッチン。動きが客から丸見えだ。直接料理を渡すこともある。シェフは客の、客はシェフの表情から何かを読みとる。そこから新たな料理を生み出したい、と。「これまでお客さんのことを知らんかったな、と思いました」。

外から内を眺める

改装して1年が過ぎた。「気づくのが遅いんかもしれませんが」、カウンターの恐ろしさと楽しさが表裏一体であることが分かってきたという。持ち前の果敢な性格が頭をもたげる。自分なりにカウンター仕事を極めたい。そのためにシェフとして何に取り組むべきか。料理だけに固執せず、カウンターの外から内を眺める、つまりお客の立場で料理や店をとらえることも大切だと大川さんは考える。美木さんはじめ多くの料理人との繋がりを生んだ食べ歩きも、いわば「外から内」の疑似体験だ。他店のスタイルを見聞して吸収することも多く、今後も続けていきたいと語る。

大川さんは、カウンターの達人となるべく変化を続ける。一見チャレンジと映るが、僕は、本領発揮はこれからではないかと考える。彼の料理を食し、言葉を交わしていると、「この人は案外カウンターに向いているのでは」とさえ思えてきた。当意即妙のトークはなくても、料理が彼の人となりを語ってくれる。何より、おそるおそる店を訪ね、食するうちに気分がほぐれていった、その具合があまりにも心地よかったからだ。（2007年3月号掲載）

御影 ジュエンヌ

◆神戸市東灘区御影3-1-4 Mパレ御影1F ☎078・854・4393 ㊔12:00～14:00㊤、18:00～20:00㊤ ㊡日曜 ㊬阪急神戸線御影駅から 歩8分 ㊮ベター ㋕要問合せ ㊫カウンター8席、テーブル8席※全席禁煙 ㊎昼4500・6500円、夜10000・13000円のコースのみ。Gワイン1200円～。

(P19)
上／昼の両コースで供される魚介サラダ。瀬戸内の旬の魚介と鮮やかな野菜をソースとオリーブ油がまとめる。下／カウンターから見える厨房には炭火のコンロも。開店前に充分に熾（おこ）し、ジビエなどを香ばしく焼き上げる。

自由で芯のある主は
料理屋というスタイルを貫く

啐啄《そったく》つか本

料理屋への階段

一通の手紙が届いた。

まず、その達筆ぶりに驚いた。差出人は京都・先斗町の24番路地、割烹『啐啄つか本』の主・塚本英雄さんである。3年前、初めて取材で訪れた、その礼状であった。無駄のないすっきりした文章、流麗な筆運びにしばし見とれる。単に美しい文字が並ぶだけではない。一文字ひと文字から気持ちが滲《にじ》んでくるような印象を受けたのである。

今でこそ予約の取りづらい店だが、その頃は当日でも席を押さえられた。「開店から1年は仕入れた食材を捨てることが多くて、情けない思いをしました」と。カウンター5席、テーブルが4席。だが、調理からサービスまでを一人でこなすため、貸切り時以外はカウンターのみでの営業である。一見客がふらりと顔を覗かせるロケーションではない。雑居ビルの2階。店内はスナックを居抜きで割烹にしたような風情。知らなければ、そこに美味なる料理が待ち構えているとはまず想像し

啐啄同時

ない。

ところが、である。カウンターに並ぶ料理は素晴らしい。椀物のきりりとしただし加減の的確さ。甘鯛とカニのかぶら蒸し、ヒラメの肝醤油、ブリの湯洗い。猪には青味大根の味噌漬けや鷹峯ネギを添えるなど、旬の味わいを地の食材と巧みに組み合わせながら、季節感を演出する技に心が揺れる。質の高い書画骨董を眺めているような、じんわりとした感動を覚えてしまうのだ。

しごかれ、しごかず

塚本さんは関東の出身だが、小さい頃、親戚が住む京都に家族で遊びに来て、料亭で食事をした体験が心に大きな楔《くさび》を打ち込んだ。造りのぴんと張った庖丁使いや、椀物の豊かな味わいに感銘を受け、「京都で料理人になる」と決めたそうだ。

18歳で、江戸時代から続く京都の老舗料亭に入る。そこに、名人の料理長がいた。「禅寺の和尚さんと向き合っているような印象でした。どんなときでも平常心を保てる人だから、料理がぶれないのです。調理場を走るな。味付けする者は、気は急《せ》かさず手を急かせ。いつも言われていました」と、良き師に出会えた修業時代を懐かしむ。だが、その料理長が帰宅したあとの厨房の厳しさは並大抵ではなかったという。だから「必ず腕の立つ料理人になってやる」と考え、しごきに耐え抜いた。とにかく先輩の命令には絶対服従、耐えられない者は辞めていくしかない時代だった。

その後、塚本さんも人を使う立場になる。「どうしたら自発的に仕事をするようになるか考えました」と。考える力をつけさせる上で、これはげんこつよりも効く。自らの経験を血肉とし、独自の方法論を打ち立てたのだ。「今では修業時代に厳しくしてもらったことをありがたく思っています」と振り返る。

ここで5年間修業し、祇園のやはり老舗茶懐石料亭に移る。その後、1年間東京へ。再び初めの修業店に戻り、300年近い歴史を持つ料亭に3年勤め、30歳で独立する。どの店でも、学んだのは料亭仕事。割烹の経験はほとんどないのだ。カウンターのみの店とはあまりにも方向性が異なる。

そして祇園へ

「料理屋の仕事というたすきを次の代へ手渡し、伝えていきたいと思うんです」と語る塚本さんは、この仕事を次代に伝えるのが夢であり、使命だという覚悟を持っているのだ。とはいえ、その思いにかなうほどの料理屋を作るのは容易ではない。ステップを一段ずつ上り、足腰を鍛え陣容も固めて、初めて道が開けてくる。

そして5年目の2008年6月、ついに祇園へ店を移した。先斗町とは異なる舞台である。お茶屋や料理屋が軒を並べる界隈。周りの風景にすっかり溶け込み、そこには静謐《せいひつ》な空気がゆっくり流れている。5席から8席と、わずかながらも席数は増え、中庭を見ながら食事を楽しむカウンターでは「愉しく仕事をすることを旨とします。前のように必ず蕎麦を置くというのではなく、むしろ旬や季節によって打つようにしています。お客さんに愉しんでいただける流れを作るように心がけています」と。そんな自由で芯のある塚本さんの料理は頼もしい。(2007年4月号掲載に追加取材)

啐啄《そったく》つか本

◆京都市東山区祇園町南側570-120 ☎075・525・8808 ㊎18:00～21:00入店 ㊡水曜 ㊇京阪本線祇園四条駅から ㊍5分 ㊕必要 ㋕不可 ㊝カウンター8席※全席禁煙 ㊎おまかせ15750円～(季節により変動あり)。

(P25)
清水焼の大皿に盛られた、おまかせ料理からの一品。奥は、忍ばせた木の芽が爽やかに香る、鯛とサヨリの寿司。ほか、車エビの甘煮、アワビの酒煮、鯛の子など(写真は3人前)。

快感を覚える鮮烈なスープに
自家製麺でさらに唸る

カドヤ食堂

丼一杯で勝負

「定食の残ったおかずを捨てているのを見て『ロスがあるな。食べきれる丼一杯で勝負できないか』と思ったんです」。大阪・西長堀駅から歩いて3分、『カドヤ食堂』の店主・橘和良さんが中華そばを始めたきっかけだ。

結婚したのが2000年12月。奥さんの実家は現在と同じ店名の定食屋で、奥さんとそのお母さんの女性二人で切り盛りしていた。橘さんは、高校卒業後、化学メーカーに13年勤めていて、趣味は食べ歩き。もともと料理でお金をもらうことに興味があり、結婚を機に食堂を手伝うことにした。「最初の1年は洗いもんばっかり。でも、丼で勝負したい気持ちがあったので、二人に無理を言って、毎週木曜日は実験的に中華そば定食を出していました」。

今でこそ行列の絶えない店だが、当初、中華そば定食の売上げは惨憺《さんたん》たるものだった。ラーメン店での修業歴もなく、最初から上手《うま》くいくはずはない。「旭屋出版から出ている

ラーメンの専門書を読み込んで、気になる店の作り方を片っ端から真似しました。いちばん影響を受けたのは、神奈川『支那そばや』の佐野実さんです。食べておいしいものをスープの材料にする、という考えに共感しました」。

最初は模倣から始め、手本に近づこうと努力する。立地などで商売の条件は変わるから、いい材料を使えば売れるとは限らない。そこを工夫することでオリジナルが生まれるのだ。試行錯誤を繰り返して1年間の試験期間を終え、01年11月に中華そば専門店として新たなスタートを切った。

いつ、誰が来るか…

「いろんな料理を食べて、いい素材と出合うことが大切だと思ったんです。すごいと思ったのは『ながほり』の中村さんですね」。大阪・島之内（現在は上町）の居酒屋『ながほり』。居酒屋と銘打ってはいるが、使う素材は居酒屋レベルを遥かに凌駕《りょうが》し、割烹顔負けの料理がぽんぽんカウンターに並ぶ。店主の中村重男さんは、生産者と料理人の橋渡しに積極的な人物でもある。この人のおかげで、大阪の料理人の輪がどれだけ広がったことか。

「週末のお昼前、暖簾《のれん》をかけに出たら、中村さんが開店を待ってたんです。食べながら大きな声で『うまいなあ』と言ってくれはったのに感激しました。帰るときに『いつ誰が来とるか分かれへんから、しっかりせえ』と言われたのを覚えてます」。

この出会いから、橘さんの材料探しに拍車

がかかる。『カドヤ食堂』のスープは鶏と豚がベース。地鶏の図鑑を片手に、目をつけた鶏舎に電話をかける。だが、惹きつけられるだけあって引き合いの多い業者ばかり。中華そば店に卸してくれるところは見つからない。あるとき、滋賀の地鶏専門店『かしわの川中』に、ダメもとでと電話したところ、「ちょうど卸し先に空きができた」と返事をもらった。

「すぐに飛んでいきました」。自分自身を見てもらわないと、どんな中華そばを作るのか分かってもらえないと考えたからだ。「いい素材は、お金を払って買っているのではなく、分けていただくもの。それを使っていい料理を作りたい、という姿勢を直《じか》に伝えたいんです」。

意欲や思いは、必ず人を動かす。きっかけがあれば、時間を置かずに直接会って話す。熱い思いをぶちまける。そんな熱意から生まれた料理人と生産者のいい関係を、僕も数多く見てきた。

「川中さんの淡海地鶏を使うようになってから、味は劇的に変化しました。豚も初めは山形の三元豚を使っていましたが、あるときから岩手の白金豚を使うようになって、これも味が変わりました。とにかく、素材を作っている人に会って話をすることが本当に大事です。こちらのことも理解してもらえるし、いろんなことを教えてもらえます」

そして数年前に大きな転機がやってきた。麺の変革＝自家製麺に踏みきったのだ。「一軒支店を出すぐらいの投資ですが、やはりすべてを自分の手でやってみたいという欲求には勝てませんでした」と苦笑いをしながら話した。実はここにも出合いがある。『ちゃぶ屋』（香港版ミシュラン2011で世界初ラーメン店で一ツ星獲得）の森住康二さんから国産小麦のことについて指導を受けることができたのだ。「店が終わってからクルマを飛ばしてやって来てくださったんです。ホント感謝しかないです」と。森住さんは「あいつの死に物狂いの姿をみていると、こっちが動かされてしまいますよね」と話してくれた。

常に〝今〟は通過点

そして10年夏にそれまで頑張ってきた今福鶴見の『カドヤ食堂』から西区新町に移転を果たした。店内の奥には製麺室を作り、万全の体制である。また食材にも変化が起きた。まず鶏が川中さんの淡海地鶏から比内地鶏となった。豚は白金豚から平牧金華豚を経て鹿児島・霧島の黒豚に落ち着いた。「当分、この食材は変わらないと思います」と微苦笑混じりに橘さんはつぶやいた。

中華そばのスープは鮮烈である。見た目は中華そばのイメージ通り、シンプル極まりない。しかし、ひと口啜《すす》れば、その旨みは上顎を刺激し快感すら覚えるのだ。コクという言葉をはるかに凌駕する味わいは、内麦100パーセントの麺のチカラがあるからこそ。また驚いたのが「つけそば」の麺だ。舌を包みこむ小麦の香りと濃厚な味わいは喉を通るごとに旨みが増大してゆく。久しぶりに麺だけを食し唸《うな》ってしまった。

常に〝今〟を通過点だと考える。〝今〟の商品を愛する自分がいて、それを客観的に俯《ふ》瞰《かん》するもう一人の自分がきちんと存在する。だから変化することを恐れない。なんのためらいもなく行動に移すのが橘さんの素晴らしいところだ。食べる側は、いつも期待する。

「橘さんならきっと新たな展開を考えている」と。「今でもいちばん気になるのは、食べて帰られるお客さんの顔つきです。その表情で満足されているかどうか分かりますから」と語る橘さん。だから今でも行列ができる店なのだ。

（2007年5月号掲載に追加取材）

カドヤ食堂

◆大阪市西区新町4-16-13 キャピタル西長堀1F ☎06・6535・3633 ㊫11:00～15:00、18:00～22:00（売切れ次第閉店）㊡火曜 ㊋地下鉄各線西長堀駅から ㊇3分 ㊈不可 ㋕不可 ㊏カウンター6席、テーブル8席※全席禁煙 ㊎黒豚旨みそば900円（ミニライス付）、豚めし380円。瓶ビール中500円。

（P29）
上／つけそば（並）850円。熟成ダレに甘みや酸味を加えた汁に小麦の香りと濃厚な味わいの麺。下／看板の中華そば750円。透明感のあるスープは肉と魚のエキスで溢れかえるよう。

定石を破る素材の使い方で
料理の発するインパクトは挑戦的

オーボンコアン

遅まきの、本気

高校を卒業して印刷会社に勤めたものの、昼も夜もない現場に嫌気がさし、選んだバイトはファミリーレストラン。「周りを見ても、料理人になりたいと思わせてくれる人はいませんでしたね」。数年もするとフリーター暮らしに不安を覚える。手についた職といえば、やはり料理。そろそろ本格的にとホテルの食堂部に入社。しかし、フランス料理は未経験で、なかなか芽が出ない。

ある日、先輩から見せられたのがフランス料理店ガイド「グルマン」（新潮社ほか・現在絶版）。山本益博さんと見田盛夫さんが「ミシュランガイド」さながらに東京・関西のフランス料理店を格付けした本だ。載っていた大阪『シェ・ワダ』に惹きつけられた。翌日手にした雑誌に同店のアルバイト募集が。翌日面接、その翌日から厨房へと、偶然に導かれるように店に入った。

「3年間の調理経験が、そこでは何ひとつ通用しない。目が覚めました。このときから本

気です」。オーナーシェフ・和田信平さんのもとで2年修業し、同店から独立した道野 正さんの『ミチノ・ル・トゥールビヨン』（現在大阪・福島で営業）に移って2年。その後、『コム・シノワ』へ。「30歳までにフランスに行きたいと考えていたので、29歳10カ月で行きました」と。『パトリック・ジェフロワ』『ジャック・マキシマン』などで働き、33歳で帰国。『オーベルジュド コム・シノワROKKO』でシェフを3年。04年に独立である。JR新神戸駅近くのフランス料理店『オー ボン コアン』のオーナーシェフ・泉 昭一さんの経歴だ。

自由さに隠れた基本

「僕の料理の核は、和田さんや道野さんです。でも、憧れるのは元『キュイエール』の新屋信幸さん（現・新店準備中）や『ル・ビストロ』の宇野勇蔵さん。香りや塩分、ソースの組立てなど、どっちかといえばクラシカルなフランス料理なんです」と泉さん。和田さんや道野さんは、フランス料理の呪縛から離れたところで自由闊達な料理を作ってきた。僕はかつて、「仔羊背肉のロースト 百合根とチョコレートのソース 銀杏・むかご・菊イモ添え」や「トムヤムクンのブランマンジェ」など泉さんの料理を何度か食し、そのたび、スパイス使いに驚きと感動を覚えた。料理は軽いが香りや素材の組合せは複雑で、定石を破るかのよう。二人の影響大だと思っていた。

だが、取材に訪れて豚バラ肉のコンフィを食し、泉さんの話を聞いて印象が変わった。

ソースは赤ワインで煮込むが、だしを使わずソース然と仕上げる。料理書を繙《ひもと》き、タピオカが昔から使われていたと知って、そのとろみを利用する。脂っこいコンフィに赤ワインで酸味、ハーブでメリハリ、タピオカでとろみを。「フランス料理は足し算と凝縮の料理。そのセオリーは守ってます。素材を重ねるとバランスは危うくなりますが、ぎりぎりの濃淡が魅力。どこまで踏み込めるか、それが旨さにつながると思うんです」と言い、さらに「よそに行っても、もっとやらはったらと思うこと多いです」。これは他店の批判というより、彼の料理哲学が明確だから発せられる台詞である。

奇抜に見えて、基本に忠実。素材の組合せ、香り・塩分・色合い・ソース濃度などの緻密な計算こそがフランス料理の醍醐味と考え、それを実践しているのだ。その徹底ぶりゆえに、料理が発するインパクトは極めて挑戦的なのである。

異常でもええやろ

面白かったのは、「貴重な素材にこだわり、珍重するのはよくない」という考え。取り合うから余計になくなる。使い分け、棲《す》み分ければいい。もちろん素材は厳しく選ぶが、ありふれた素材から凄い料理を作るほうが価値があると。独自のスパイス使いから、さぞかし珍しいスパイスを揃えるのだろうと思いきや、厨房には誰でも入手可能な市販のパッケージ。「こだわりの素材でも、そのまま出すとか、焼いただけでソースを考えないとかいうのは僕の料理ではないのでしょう。否定はしないけど、ほかの人に任せておけばいいと思っています」と語る。

フランス料理など、自分と同じ方向性を持つ料理には関心を抱《いだ》くが、ほかのことは気にしない。交錯が進む料理の世界にあって、頑《かたく》ななまでに我が道を行く。誤解も恐れない。聞けば聞くほど、シェフは料理のことしか頭にない人物だと思えてくる。

今年39歳。まだ料理人として過渡期にあると自覚する。もっと食べ手を唸らせる料理ができると信じ切る。この信念があるからこそ、シェフとしてレストランを構え、「最初は家賃もぎりぎり、外食なんかできませんでしたが、徐々にリピーターが増えてきました」と話せるときが来た。今後は様々なモノやコト、人に触れ、シェフとしての視野を広げたいと望む。「オフの時間に身につけた自分の背景を投影できれば、もっと凄い料理を作れると思います」と言い切る。自らを強く信じる様子が僕には刺激的だ。また料理を食べ、言葉を交わしたいと思う。

料理以外に趣味は？　と尋ねると「散歩でした」という答え。よく聞けば、普通に10km歩くというから散歩というより苦行である。フランス修業時代は一日60km歩いたことがあり、昨年、歩き過ぎで脚に静脈瘤ができていると判明。現在は控えているという。料理に限らず、何かに打ち込むと周りが見えなくなってしまう人なのだ。

「僕が憧れる料理人をはじめ、何かを成し遂げる人って、執念とか精神力が尋常じゃないんです。常識や普通から感動は生まれない。異常であってもええやろ、という思いは常にあります」と。この情熱が尽きない限り、泉シェフの料理は変化し、成長するに違いない。こんな大胆な台詞を発する料理人がいるのも、関西料理界の興味深いひとコマである。

（2007年6月号掲載）

オー ボン コアン

◆神戸市中央区熊内町3-5-31 T's コート熊内1F ☎078·251·5056 ㊮11:30～14:30㊤、17:30～21:00㊤ ㊡水曜 ㊯地下鉄西神・山手線新神戸駅から㊣10分（祝日は営業、翌日休み）㊮ベター ㋕ほぼすべて可 ㊕テーブル24席※全席禁煙（喫煙スペースあり）㊎ランチ3990·5250円、ディナー4725·7140·8925円。Gワイン800円～。※サ昼5%、夜10%別。

（P35）
5250円のおまかせランチから。手前は米沢豚のコンフィ。タピオカ入りの赤ワインソースが酸味とクニュッとした食感を演出。奥はトムヤムクン風味のオリエンタル杏仁豆腐。

ピュアな店主と共に
類をみないクリアなコーヒーを

カフェ・ヴェルディ

「されど」と「所詮」

　僕にとっての「良いコーヒー」は、喉を通るときの快感が条件である。引っかかりがなく、その後複雑な香りが鼻孔に抜けること。それを見事にクリアするのが『カフェ・ヴェルディ』のコーヒーだ。

　じつは、この店のコーヒー教室・初級編に参加したことがある。コーヒーの基礎知識に始まり、焙煎度合いを変えてのテイスティング、焙煎見学、焙煎後の時間経過による味の変化のテイスティング、抽出法のレクチャー、茶話会となる。

　店主・続木《つづき》義也さんの説明は非常に明快である。焙煎度合い、時間経過、抽出の温度など、あらゆる事項にわたって比較がなされる。これがベストだと教えるのではなく、比較するというのが重要である。どこにスタンダードを定めるかは参加者自らが決める。そこから見えてくることは多い。

　コーヒーは嗜好品である。好みは人ごとに違って当然だ。苦みの利いた極端な深煎りが

とにかく好きで、他には目もくれない人もいる。続木さんは「それを否定してしまっては世の中面白くありません」とした上で、「でも私は、一歩引いて豆を仕事の道具と捉《とら》え、それぞれの良さを引き出そうとできるだけ客観的に考えます」と言う。

「好きな人は〝たかがコーヒー、されどコーヒー〟と言いますが、僕は〝たかがコーヒー、所詮コーヒー〟なんです。人気料理店のように、何カ月も前から予約を入れてコーヒーを飲みに来る人はいません。食後の一杯であったり、語り合うための一杯であったり、主役にはなり得ないものなんです。それでも、一杯ずつ最上級の仕事をしてお客さまに提供する。それが大事なんです」。続木さんは、コーヒーに対するスタンスをこう言い切った。目の前の豆をどう生かせば最良の味になるか、その実現のために何をすべきかを考える。ただ好みや思い入れの通りに淹《い》れるのは、プロの仕事ではないということだ。

カメラ＝コーヒー

焙煎の話になると、続木さんは大きな写真を何枚も並べ始めた。「焙煎機は、いわばカメラと同じなんです。絞りがダンパー（焙煎煙を抜くダクト）の容量で、シャッター速度が火力のようなもの」と言う。

正しい露出で写真を撮るということは、光量をいかに調節するかということ。シャッターが開いている時間にフィルムに当たる光量が多ければ明るい写真になり、少なければ暗い写真になる。同じ明るさに撮っても、絞りの開け具合で背景のボケ方は違ってくる。また、フルオートで撮影すると暗い所ではストロボが光る。発光禁止にすると、シャッタースピードは遅くなるが雰囲気のある写真ができ上がる。

露出を画一的に適正化するフルオートはアマチュア写真家の域であり、マニュアルモードで露出を自在に操れるのがプロである。コーヒーも同様、知識と技術があれば一定レベルの焙煎はできる。だが、ダンパーと火力の相関関係を熟知しなければプロのコーヒーは作れない。同じシチュエーションで露出を違えた写真を何枚も見せてもらうと、そんな話が極めて分かりやすい。コーヒー店主に限らず、こんな例えで技術を語る料理人に、僕は出会ったことがない。

ストロングな1年半

開店は2003年の8月。まだ4年目である。なのに、この理路整然としたコーヒー理論。経歴を聞くと、大学卒業後、大手外食チェーン2社に計6年半勤め、家業の製パン業に戻って4年、浜松の製パン店で1年。その後、独立してコーヒー店を開こうと志す。東京・台東区の名店『カフェ・バッハ』の門を叩き、1年半みっちり勉強した。店のコーヒーセミナーに必ず参加し、あとはオーナーの田口護さんとの〝座学〟である。「一対一で教え込まれました。感覚に頼らず論理的な田口さんの講義を聞いていると、それまで漠然と考えていたことが当然のこととして理解できるんです。学んだというより、納得が深まったと言ったほうがいいかもしれません」。

その間、豆を焙煎し続け、あらゆるコーヒー関連の書物を読んだ。「24時間365日、コーヒーのことばかり考えていました。だから、今何を質問されてもポンと答えられるんでしょう」と話してくれた。よほど濃密な1年半であったに違いない。

ライバルはディズニー

カフェのお客を摑《つか》む一方で、続木さんはコーヒー教室など新たな試みを続けている。「カフェも教室も、私にとって〝おいしいコーヒー〟の追求です。正しい知識と技術で良いコーヒーを伝え、皆さんにハッピーな時間を提案したいんです」と。

「笑われるかもしれませんが、最大のライバルはディズニーランドだと思ってるんです。あそこに行くと、みんな楽しいでしょう。同じように、この店に来てくれる人たちに楽しくなってほしいんです」

落語家を招いて定期的に落語会を催す。20席余りの店内に50名近くの人が集まり、笑顔が絶えない。近隣の家具店のイベントに出張カフェを開く、ウィーン菓子のフェアを催すなど、続木さんの活動は留《とど》まるところを知らない。カウンターを挟んで、旨い店情報を数多く入手した仲間もいる。「あそこのあれがおいしいとか、こんなイベントがありますとか、いろんな話題を提供できる街角コンシェルジュという存在がいいですね」。素敵な表現だ。触角は常に鋭敏、話題も豊富。そんな続木さんとの言葉のやりとりに、人は刺激を受ける。

　知識と技術が確かなだけではない。独自の方法論を確立し、自信を持っている。そこに胡座《あぐら》をかかず、マンネリを嫌い、新たな提案を模索する。その姿勢が一杯のコーヒーに如実に表れる。

　もちろん、この店で飲むコーヒーは旨い。しかし、明るい笑顔でコーヒーを突き詰める店主と話すうち、そのピュアな生き方のほうに僕は強く惹きつけられてしまうのだ。


（2007年7月号掲載）

カフェ・ヴェルディ

◆京都市左京区下鴨芝本町49-24 アディー下鴨1F ☎075・706・8809 ㊔8:00～19:00(日曜、祝日～18:00) ㊡月曜(祝日は営業、翌日休み) ㊦京都市営バス「洛北高校前」から ㊢1分 ㊨不要 ㋕ほぼ全て可 ㊕カウンター8席、テーブル16席※全席禁煙 ㊎ブルーマウンテン(No.1)500円、エチオピアウォッシュト480円。

ペーパードリップで一杯ずつ丁寧に淹れる。湯の温度は82～83℃とやや低め。

江戸前でも関西風でもないお客が喜ぶ寿司がここに

海力《かいりき》

江戸でも、関西でもなく

「江戸前寿司のように、東京では伝統に則《のっと》った細い道をしっかり歩めば客は来る。そやけど、大阪は違う。常に新しいものを勉強してないとお客は満足せえへん」

『海力』の主・金田太志《たいし》さんは17歳で今はなき大阪・堺の料理旅館『羽衣荘』に入り、約4年間日本料理の基本を仕込まれた。その後、寿司のノウハウやカウンター仕事を覚えるため、14年間で8軒の料理屋を回る。冒頭の言葉は、当時の兄弟子で、現在は三重・名張の寿

司割烹『醍醐』店主である福嶋章男さんが金田さんに語ったものだ。

その頃、寿司に興味を持ち始めていた金田さんは江戸前の寿司に出合い、ネタに施す仕事に感動していた。自らが握る寿司はこれだと、惚《ほ》れ込んでいたところに福島さんの言葉。自分がやりたいことと、お客さんが求めていることとは違う。そう気付いた金田さんは、江戸前でも関西流でもない寿司を作り出そうと決めたのだ。

独立は1998年、35歳のとき。当初は覚えた寿司を握ることに集中した。関西の寿司は、できるだけ新鮮なネタを揃えて握る。客もそれを求める。しかし、お客の反応を見ながら、少しずつ目指す寿司を握り始めた。塩を振ったにぎりや、ちりにぎりなど、醤油を付けずに食べる寿司を増やしていったのだ。

今では店の名物となったにぎりに「イカウニ」がある。「お客さんがいつもイカとウニを一緒に頼まはるんで、一つに握ったらどうやろと。えらい喜んでもらえました」と金田さん。お客が喜ぶ寿司こそ自分の寿司。そこに全力で創意を傾ける。7年ほど前、僕がこの店に出合った頃の話だ。

それ以降の寿司は、食べるたびに驚きの連続だ。「ばくだん」も傑作。ネギトロに、カズノコとタクアンのみじん切りが加わる。最初はネギトロの味を感じ、次にカズノコの旨さ。最後にタクアンの食感が残る。僕の考えるにぎりは、ネタと寿司飯が口の中で一緒にほどけ、同時に消えてゆくのが王道だ。その道から外れているのに、ばくだんには感激してしまう。客の求めるものを新たな寿司に結実させる金田さんの姿勢に、いつも魅せられてしまうのだ。

喋らはるんですか!

この店に惹かれる大きな理由がもう一つ。心地よい接客だ。金田さんは、よく喋る。もちろん無闇矢鱈《やたら》にではない。目の前のお客だけでなく、店全体の雰囲気を和《なご》ませるよう気を遣いながら話題を提供する。

ゴルフ仲間と行けば、ゴルフの話をする。上手下手やスコアの話をするのではなく、トーナメントの面白さやゴルフというスポーツが持つ精神性などに触れるのだ。料理人仲間と訪ねれば、魚の見分け方について話しながら、魚の扱いや火入れの方法について逆に聞き込んだり。お客を見極めて言葉を選んでいるのがよく分かるのだ。

「静かに食べたいお客さんもおられます。食べるペースや目の動きを見て、その場の空気を読むんです」と、接客の機微を掌中にする金田さんだが、ひたすら寡黙な職人だった時期があるという。

「おまえ、人間になって帰ってきたな」。20歳を過ぎて、金田さんが『羽衣荘』から年季明けで帰ったときに家族から言われたそうだ。「おまえは本能のまま生きてたからな」とも。本人も「中学時分のあだ名は 湯沸かし器 でした」と明かす。今の金田さんからは想像もつかない話だ。そして、変わったと言われはしたが、まだこのときは〝喋る金田さん〟ではなかっ

たという。

『羽衣荘』では1000人規模の宴会がざらにあった。鯛が出るなら、それを1000尾おろすことになる。手は滅法早くなったが、それでも36時間休みなく働くこともあった。無駄口を叩く暇はない。黙々と仕事をするのが職人だと思っていた。

その後回った料理屋8軒のうち、最初の4軒では全く喋らない金田さんであった。あるとき、ホールの人間がいない折に客が訪れ、「いらっしゃいませ。お飲み物何にしましょう」と聞いた。スタッフは「金田さん、喋らはるんですか！」と驚いたという。

風呂場で「いらっしゃい」

「そうか。今の俺はヘンコな職人なんや」と悟った。とはいえ、ある日突然喋りだすのも恥ずかしい。「喋らない自分を知らない店に移ったら喋ろう」と考えた。それからは毎晩風呂場で鏡に向かい、笑顔を作って「いらっしゃいませ」の練習を繰り返した。その結果、次の店では初めから〝喋る金田さん〟になっていたのだ。

べらべら喋るだけでは、うるさい奴と思われる。「まず新聞を隅から隅まで読みました。主役はお客さん。その話題についていけないようでは喋っても意味がありません」。スポーツ、映画、クルマなど種々の話題に精通できるよう、雑誌にも目を通すようになった。そうして、喋る金田さんは〝よく喋る金田さん〟になっていった。

金田さんは、自分のことを客観視できる機会を無駄にせず、そのきっかけから自らの方法論を編み上げた。寡黙から饒舌へ。実際には並大抵のことではない。それをやり遂げる精神力には頭が下がる。

「独りでできることは、たかがしれてます。人生には何人も先輩がいて、その人たちから教わることこそが大切」と、金田さんは影響を受けた先達の言葉を教えてくれた。「金で仕事を追いかけるな。修業中なんやから、金の代わりに仕事を持って帰れ」「おいしいのは当たり前。同じ味なら、愛想ようて清潔な店のほうがお客さんは喜ぶ」。

よき先輩と出会うことは大切である。だが、出会っても気付かない人もいる。自分を見つめる者だけが、他人の素晴らしさを認められるからだ。それができる人は、相手の立場になって考え、行動できる。それを実践してきた金田さんの寿司が客の心を掴むのは自然なことだ。葛藤もあったに違いないが、それを乗り越えて、お客の笑顔がある。そんな金田さんの寿司を、これからも食べ続けたい。

（2007年8月号掲載）

海力《かいりき》

◆大阪市東成区中道 2-4-4 ☎06・6974・1239 (営)17:00 ～ 22:30(止) (休) 水曜 (交)地下鉄中央線緑橋駅から (歩)5分 (予) ベター (カ) ほぼすべて可 (席) カウンター9席、テーブル 4席※全席禁煙 (金)1カン130～480円、おまかせ20カン6500円前後。日本酒「秋鹿」1合500円。

(P49)
上／左からイカウニ、生本まぐろトロのヅケ、ハモ炙り、アワビの肝醤油、ばくだん。粒の大きな米は岐阜産の有機米・はつしも。下／ネタは各地から担ぎ荷が入る鶴橋市場をメインに数カ所から仕入れる。

ゆったりとした空間で愉しむ
骨太のナポリ料理プラスα

オステリア オ ジラソーレ

“計算高い”移転

芦屋浜に近いマンション1階から、今春、JR芦屋駅近くに移転した。以前はカウンターを含め13席だったが、新店舗は20席。テーブル席が増え、席間にもゆとりができた。オステリアとしての空間やアクセスの良さを求めての移転だと思っていたが、主の杉原一禎さんは「人を育てるため、と言ってもいいですね」と普通の顔で答えた。意外だった。

「もちろん」と杉原さんは付け加えた。「条件はいくらでもありました。1階で内装なしの状態であること、カウンターが作れること、家賃、レイアウト……。3年間探しましたよ」と。見つけたスペースは飲食店用ではなかった。しかし、押しの一手でオステリアに仕立ててしまった。それほどイメージに合致した物件であり、手に入れたい杉原さんの思いが強かったということだ。

そんな経緯を説明する杉原さんの言葉が、ごく論理的であることにも驚きを覚える。「僕は計算高いんです」と。「狂いっぱなしですけ

どね。ナポリでは、計算高いというのは〝ちゃんと考えてる〟ということ。いい意味の言葉なんです」とも。目的地が見えているから軌道修正ができる、と僕は解した。これは、料理にも共通する姿勢だ。プロの料理人でも、最後まで完璧に料理を仕上げられる人は少ないだろう。少々失敗しても修正可能なのは、完璧な料理の味を知っているからである。それと同じ理屈だ。

話を戻そう。広い新店舗の何が「人を育てる」に繋がるのかと尋ねてみた。

前の店は、厨房があまりにも狭かった。調理しづらいのはもちろん、スタッフに何かを教えようにも身動きがとれず、精神的な余裕も生まれない。いい料理をコンスタントに提供することは、一人では不可能であり、スタッフのオペレーションやトレーニングにはある程度の広さが必要、と杉原さんは語る。いずれスタッフは独立し、自店を持つ。そのために必死で働いている店が、満足に修業できない環境では話にならない。移転は必然であった。

指先から伝わるもの

移転して、ほかに変わったことは？「何事にも、前よりはるかに気を遣い、注意を向けるようになりました。テレビで歌舞伎やクラシック演奏を見ていると、役者や奏者の指先まで神経が行き届いているのが分かり、ぞくっとします」。他人の動きに目を配れる。この能力も、料理を作り、人を育てることと密接な関係がある。

たとえば、ボウルで野菜を和え、皿に盛り付ける。そのとき「片手にボウル、片手にスプーンで盛り付ける」のと「ボウルを置き、スプーンの先に手を添えながら両手で盛り付ける」のとでは仕上がりに厳然たる差が出る。無造作に見えて力がある盛付けは、両手を使わなければできないのだ。「それを漠然と言っても伝わらないんです。やってみせないと」と。設計図はなく、口と実演で感覚を伝えるしかない。教わった者が体得したかどうかも、教えた者には感覚でしか分からない。

「僕はスタッフに対して感情的です。高ぶって、半泣きになりながら話すことも多い。彼らがいつか独立するからこそ、いま真剣に感情をぶつけることが必要なんです。親よりも彼らのことを考えてると思えるほどです」。語気が強くなってきた。熱い人物なのだ。「スタッフにも気は遣います。でも、言いたいことは全部言います」と話す。飲食店のオーナーとして果たすべきことを明確にして実行する。だからこそスタッフに迷いなく言いたいことを言える。「飯の食べ方も汚ければ言います。店を持ったとき、下の者に『オーナーの食べ方、きれいやなあ』と思われたほうがいいでしょう」。

ヘビースモーカーであったが、あるときさっぱりとやめた。「料理が真面目なら人生はちゃらんぽらんでも、という考えでしたけど、今は人を引っぱっていくのが仕事なんで」と。自分にも他人にも責任を持つ重圧は相当なものだろう。しかし、杉原さんはそんな状況に自らを追い立て、楽しんでいるように思える。

融合と、これからと

以前は、修業したナポリの料理一筋であった。大ぶりなパスタ・パッケリや、バッカラ（干しダラ）などのストレートなナポリ料理は塩が強く味も濃い。問答無用、ナポリに魅せられた人が来てくれれば充分という潔さであったが、移転後、印象は変わった。ナポリ色は濃く残るが、リクエストがあればカルボナーラなどメジャーな一品も出すようになり、全体によりバランスの取れた料理になったと感じる。

日本での修業、ナポリでの修業、そして独立後。それぞれがほぼ同じ期間となった今、その三つの要素を融合させるのが現在の杉原さんのスタイルだという。「個性は、昨日までの集積だと思ってます」。

杉原さんは、広島の農園から完全無農薬のレモンを仕入れている。南イタリアでの修業時代を思い出す食材だ。それが、時折使い切れないほど届く。ジャムやソースなどに積極的に使って料理の幅を広げる。広島のレモンでナポリ料理、これも融合のひとつのかたちである。

「自分の年のとり方に興味があります。だから今年は、先輩がたを見学して回る〝巨匠巡り〟をしようと思っています」と語る。東京・三田のフランス料理『コート・ドール』に行った。オーナーシェフ・斉須《さいす》政雄さんの美学が至るところに漂う店だ。「テーブルの一輪挿しの花に水滴を忍ばせる。ほとんどの人が気づかないところにまで神経が行き届いているんです。どこを切り取っても斉須ワールド。格好いい」と。

その心配りに気付くのは、自らの進むべき方向が杉原さんに見えているからだろう。そこに向かってストイックに邁進《まいしん》する杉原さんの姿もまた、とても格好がいい。

（2007年9月号掲載）

オステリア オ ジラソーレ

◆兵庫県芦屋市大原町4-12 ビューコート芦屋1F ☎0797-35-0847 営11:30～14:00㊤、18:00～21:00㊤ 休月曜、月1回不定休 交JR神戸線芦屋駅から 歩3分 予必要 カ要問合せ 席カウンター4席、テーブル16席※全席禁煙 金ランチ2700円～、ディナーコース5500円～、アラカルトもあり。Gワイン800円。

（P53）
料理は夜のメニューから。上右／スルメイカとフレッシュポルチーニのフェットゥッチェ。上左／淡路牛のステーキ ジラソーレ風。「広島のレモン」を使うソースの酸味が爽やか。下／「スタッフは本気で育ててます」と語る杉原さん（左）。

枠を取り払い新境地を目指す
〝京野菜フレンチ〟の先駆

エヴァンタイユ

ダメなら閉店、の決意

京都・岩倉の『エヴァンタイユ』は、いつも〝京野菜を使ったフランス料理の先駆〟として紹介される。その決まり文句は長らく変わっていないが、その間、シェフ・森谷之雄《ゆきお》さんの料理は絶えず変化し、進化してきた。確かな味はもちろんだが、そのひたむきさにこそ、僕は惹かれるのだ。

　森谷さんが料理人を志したのは24歳のとき。遅めのスタートである。その年に結婚して渡仏。パリの料理学校、ル・コルドンブルーで2年間料理を学んだ。帰国後すぐに東山二条でレストランを開いたのが１９８３年。飲食店で働いた経験はなかった。相当な覚悟が要《い》ったはずだが、「当時、京都にはフランス料理の店は少なかったし、最初から独立するつもりでフランスに行きましたから」と森谷さんは明快である。

　しかし、満足のいく料理が出せない。「フランスは野菜がおいしい。当時の日本の洋野菜には満足できなかったんです。迷うち、京

都には京都の野菜があると気付いた。試してみると、これが良かったんです」と。必要に迫られての京野菜との出合いだったのだ。京都の伝統野菜が注目を浴び、若手の農業家を京料理界がサポートし始めた頃でもあった。

　当時、お客の反応が良かったのは「ネギと牡蛎のグラタン」。ポロネギより柔らかくて甘い九条ネギが、グラタンにうまくマッチした。「これはいい、いっそ野菜をメインにやっていこう。あかんかったら店を畳もうと考えてました」。店の命運をさえ賭けるほどに、京の野菜に惚れ込んだのだ。

　とはいえ、初めて使う素材ばかり。定石はなく、もちろん野菜だけで料理を作るわけではない。「野菜と魚の〝年表〟を作りました。どの魚にどの野菜が合うのか試作を繰り返して、旬のカレンダーにしたんです」。思い込んだらまっしぐらに、脇目もふらず突き進む。京野菜を使い始めた頃は「京料理の真似ごと」と揶揄《やゆ》されたりもしたが、ネギと牡蛎のグラタンを、東京から来たお客が「面白いし、おいしいね」と評価。その人が京都の友人に紹介するという、いわば逆輸入のかたちで、彼のフレンチは少しずつ認知されるようになった。

　その頃、京野菜の作り手と話した折に森谷さんの話が出た。京野菜を取り入れるために、和食の料理人に話を聞いているそうだと。その真摯《しんし》な姿勢に、他のフランス料理のシェフとは違った印象を抱いていた。

〝森谷の料理〟を

95年、二条の店が古くなり、繁華街から離れた、できれば一軒家でレストランをと考えた。偶然通りかかった岩倉の、現在は店が建つ地の前に立った瞬間、「ここが俺を待っている」と感じ、一気に話を進めた。

「こんなところまでわざわざフランス料理を食べに来ない」と、反対する人は多かった。確かに、当時は市営地下鉄も北山駅まで。市街でちらつく程度の雪でも、岩倉ではチェーンが必要になるほど降った。お世辞にも料理店に適した土地とは言えなかったが、森谷さんの決断は正解であった。その後、地下鉄が延び、宅地化が進み人が増えた。マスコミが「一軒家の京野菜フレンチ」と取り上げ、遠来の客も増えた。

だが、店の繁盛を横目に、森谷さんは料理についてさらに深く考えるようになった。フランス料理を作るとなると、必然的に野菜にもバターやクリームを使うことになる。「初めは生クリームで九条ネギを煮込んでました」と森谷さん。それでは仕上がりが重いと感じると、クリームを野菜のピューレや芋類のデンプンに変えていく。また、フォン・ド・ヴォーやフュメ・ド・ポワソンといった基本のだしから出るゼラチン質が野菜の料理に合わないと考え、新たなだしを模索する。素材の持ち味を生かす軽い料理こそ、自らのスタイルだということが見えてきたのだ。

シェフの次なる挑戦が始まった。目標は「フレンチにこだわらず、森谷の料理を作る」こと。そう決めると一気に肩の力が抜けた。5～6年前から昆布だしを積極的に使い、大原『山田農園』の平飼い鶏のブイヨンも多用するようになった。試行錯誤の連続だったことは想像に難くない。「昆布と野菜のブイヨンは素晴らしい」と自信を持てたのはこの2～3年のことだという。

今年ミシュランで三ツ星を獲得したパリの『アストランス』でも昆布だしが使われる。そうした流れを早くから自らのものとしていたことになる。京野菜と和食、二つの異なる要素を自分の料理へ取り込んだ蓄積が、明確に形となってきた。

常に変化するのに安定感がある。個人的には、やはりフレンチの中の「森谷」料理だと思う。独自の方向性を持ちながら、大人の料理に着地しているのが彼らしいのだ。

立ち止まらない料理人

岩倉に移転してからは、新たな交流も生まれた。大原の朝市に顔を出すようになったことで、『草喰なかひがし』の中東久雄さんや、元京都ブライトンホテル『ヴィ・ザ・ヴィ』の滝本将博シェフら、野菜に魅せられた料理人と親しくなったのだ。以来2カ月に一度、テーマを決めて彼らとさまざまなジャンルの料理を作る会を持つ。そこで受ける刺激は極めて大きいと森谷さんは言う。素材に対する見方、調理法の違いなど、コラボレーションから多くを学ぶことができるのも、冒険を恐れず、良いものは迷わず取り入れる森谷さんだからこそだ。
「うちのシェフ、カウンター作りたい言うてるんです」。今後の展開は、と尋ねた僕に、マダムの広美さんが微笑《ほほえ》む。24年間、厨房にこもって料理を作り続け、ここに至ってのカウンターである。これまでは〝森谷の料理〟を確立することに一心不乱であった。「その領域を守りつつ、料理に食べ手の意思を反映させたい」と。そこには、自らに安住を許さない一料理人がいた。また、森谷さんの新たな挑戦が始まろうとしている。

（2007年10月号掲載）

エヴァンタイユ

◆京都市左京区岩倉西五田町1-2 ☎075·712·0750 ㊖11:30～14:00㊤、17:30～20:30㊤ ㊡月曜、第1·3火曜 ㊯地下鉄烏丸線国際会館駅から ㊦8分 ㊮ベター（野菜のコースは必要） ㋕ほぼすべて可 ㊫テーブル20席 ㊞1室（2～8名） ※全席禁煙 ㊎ランチ3500·5000·7000円、ディナー 5000·7000·10000·15000円。Gワイン1000円～、Bワイン5000円～。夜のみ税サ別

（P59）
料理はすべて、取材日の野菜のコースから。上右／季節野菜の取合せ。生、ボイル、グリルと最低限の調理で素材の味わいを引き出す。上左／ちりめんキャベツの詰め物トリュフ風味。透けて見える中身はジャガイモ。下右／甘みに陶然となるトウモロコシのスープ。下左／秋ナスと松茸のルーローは半熟の卵黄につけて。

「物理学」と「茶の湯」と「日本料理」。
三位一体が生み出した独自の妙

千里山　柏屋

交流から想を得て

先日、『千里山 柏屋』の茶室で料理を食べた。名神高速のすぐ脇という奇妙な立地ながら、今や関西屈指と評される料亭である。この日のコースの主題は「月見」。器から花、軸に至るまで設《しつら》えは見事だ。定評ある椀物、季節感溢《あふ》れる八寸は言うに及ばずだが、さらに未知の衝撃を味わわせてくれたメニューが二つある。「甘鯛のエビ塩辛漬け」と「トウモロコシのすり流し」だ。

前者は、アミエビの旨みを抽出した塩辛に甘鯛を漬け、ウロコを付けたまま焼きあげたもの。食すれば、ウロコは上質なエビ煎餅のようにパリパリと香ばしく、身はふっくら。かつて食べたことのない味わいと同時に、僕はどこか懐かしい感覚を覚えた。後者は、ビシソワーズ風のすり流しに鮎をワタごと叩いたペーストが浮かべられ、その鮮烈な苦みとトウモロコシの甘みが見事な対比を成す。共に和の領域を踏み外すことなく、だが創造力の強さを感じさせる一品であった。

二つに共通するのは、他ジャンルの料理人との定期的な交流の中で着想を得て創作された料理である点。甘鯛は、本町『一碗水《イーワンスイ》』の南茂樹さんのところで食べた「蝦醤鶏《ハージョンガイ》」（エビの醤《ひしお》に漬けた鶏の唐揚げ）が、すり流しは高麗橋『ラ・ベカス』渋谷圭紀《よしのり》シェフの冷製スープがヒントとなった。

主にして料理長・松尾英明さんは、単純に素材を和に置き換えてまぐれ当たりを取ったのではない。甘鯛の一品にしても、その味を知り抜き、エビの旨みを理解しているからこそ、蝦醤鶏を食べた瞬間、松尾さんの頭の中で両者が結びついたのだ。それぞれの素材から、日本料理の本質までを理解していなければできないことだ。

そして、この「本質を知る」は、料理人としての松尾さんの一貫した姿勢であり、その底に流れているのは、彼のバックボーンである茶の湯の精神。だが、さらにさかのぼって学生時代の専攻分野にまでその源を求められることに、松尾さんとの対話の中で僕は気づいたのであった。

料亭と物理学

松尾さんの大学での専攻は理論物理学である。卒業後、滋賀・八日市の名料亭『招福楼』に入る。そこで修業を重ねた後、実家に戻り、4年後に料理長となる。

就職の前後は、バブルの絶頂期だった。「学部の同級生は、給料のいい損保に行くか、研究所に入って勉強を続けるか迷っていたんです。

会社を選び放題だったからこそ、自分が何をしたいのか、しっかり考えないと大変なことになると思いました」と。実際、松尾さん自身も大学の途中までは料理の世界へ進もうと強く意識していたわけではない。

では、なぜ料亭へ。そこには、お茶の世界との出合いが大きく関わってくる。

『柏屋』は、松尾さんの父親が始めた料亭である。開業にあたり、看板の屋号を書いてもらった京都・大徳寺の住職との縁で、松尾さんは西大路七条・高源寺の庵主にお茶を習うことになる。大学3年の時だ。「松尾さんは、お茶を勉強したいのですね」と尋ねられた。免状取得のためのお稽古ごとにはしませんよ、という念押しだ。以来、毎週稽古に通う生活が始まった。師について運転手を務め、茶会や道具店をほうぼう回り、茶の現場に多く触れることができた。そして松尾さんは、お茶の魅力に取り憑《つ》かれた。

茶道においては、一碗の茶を点《た》てて客人をもてなすために、建物、庭、花、軸、器など、日本の文化を総動員する。これは、場を総合的に演出するクリエイティブな仕事だ。振り返れば、実家は料理屋。食べることや何かを作ることが好きであったし、茶の湯に学んだことを生かせる恵まれた環境だ。そう考えたとき、料理の世界に身を投じることに迷いはなくなっていた。

では、せっかく修めた物理学は無用の長物となったのか。答えは否である。「自然科学は、現実の中で起こる事柄を解き明かす学問。数学は、解明という目的のために人間が作った道具、手段です。お茶も、もてなしや思いの伝達など、ある目的のために点てるわけです。そのために、道具や設えなど様々なものを使う」と話す。「科学もお茶も、目的のための道具の組立ては様々。その有機的な繋がり方が似ているんです」。

料理を作る、その答えは一つである。しかし、おいしく美しく仕上げるために、素材を選び、調理を施すには論理的な考えが必要だ。彼の経歴は、むしろ料理人向きだとさえ思えてくる。

もてなしの道筋

食事の際、改めて驚いたのは料理の温度である。椀物にだしを張るとき、冷めないように換気扇まで止めるという気の配り方には以前から敬服していたが、より冷めやすい件《くだん》の甘鯛の焼き物まで、たった今火から下ろしたばかりのように熱々の状態で供されたのだ。仕上がりのタイミング、甘鯛の温度、器の温度などすべてを調えなければなし得ないこと。「もてなし」という目的のために、本質を知り、あらゆる手段を尽くす。この一皿を食し、あらためて松尾さんの凄さに触れた思いがした。

そうして茶室を眺めてみれば、茶の心から料理へと連なる松尾さんのもてなしの精神が、この小さな空間にいくつも潜んでいるのだと、なんだか楽しくなってきた。

最近、本亭の部屋に椅子用のテーブルを導入した。「和室の雰囲気に合うものをと、初めは高さを抑えたものを探していたんです。でも、昨今は畳に座る機会が減りましたし、外国のお客さまもいらっしゃいます。座りやすい高さが最優先。本来の目的を忘れては、道を踏み外してしまいます」と。
物理学とお茶、料理は、僕の中でクリアに繋がった。その有機的な繋がりこそ松尾さん独自の持ち味であり、彼が進む先には、これまでの日本料理とは一線を画する世界が広がるに違いないと、僕は確信する。

（2007年11月号掲載）

千里山 柏屋

◆大阪府吹田市千里山西2-5-18 ☎06・6386・2234 ㊝11:30～13:30入店、17:00～20:00入店 ㊡日曜、祝日 ㊯阪急千里線千里山駅から 車5分 予必要 カほぼすべて可 個5室（2～20名） ※喫煙可 金昼のミニ会席6300円、会席10500（昼のみ）・12600・15750・21000・26250円。※サ10％（テーブル席）、20％（座敷）別。

（P65）
21000円の会席から。八寸（写真は3人前）。柿なます、カニの湯葉巻き、鴨ロース、紅葉麩、平茸の山椒煮など。塗りの重箱・堺重に華やかに盛る。

夙川の瀟洒な佇まいで
挑戦的なほどの四川料理を

ラヴェニール・チャイナ

洒落た王道

四川をメインとする中国料理店。だが、店頭に中華を思わせる装飾は一切なく、店内はまるでイタリア料理店のよう。開店は8年前。「よく、ここは何料理の店？　とか、中華と看板を出したほうがいいとか言われました」と店主の今村浩之さんは語る。

料理は大皿ではなく、めいめいにプレートで供する。8年前、このスタイルの中国料理店は関西にほとんど見あたらなかった。しかし、今村さんはそれを始め、貫き通した。当時

の中華というとイメージカラーは金や赤。高級中華・大衆中華のギャップが極端で、その中間がない時代であった。カジュアルに楽しんでほしいが、といって餃子やラーメンの世界ではない。そこで、外観はイタリア料理店のようでいて、あくまで中華の王道を提供する店を目指したのだ。

順風満帆であったわけではない。特に男性は内容の分からない料理店にはなかなか足を踏み入れない。だが、そこは夙川。「ランチで下見」を得意とする女性客がまず反応した。僕自身、この店を知ったのは近隣の女性から情報を得てのことだ。「お洒落《しゃれ》な中国料理店なんです。麻婆豆腐は辛いけど、絶対に食べてください」と。まんまと今村さんの作戦に乗ったことになる。

初めて店を訪ね、その麻婆豆腐を食べた。確かに辛い。それは、唐辛子の「辣《ラー》」の辛さだけではない。むしろ中国山椒の「麻《マー》」の辛さが痺《しび》れを呼ぶものであった。今でこそ辛い麻婆豆腐を供する店はあるが、当時としては衝撃的なほどの辛さ。だが、唇に痺れを残しつつも数瞬で辛さは収まり、挽肉や豆板醤などの旨みがじんわりと口の中を覆ってゆく。辛さの中に旨さがあるという四川の味を実感した。

大きな黒板に書かれた菜単《メニュー》には、いくつか独創的な料理もあったが、前菜から野菜、魚、肉など定番の四川料理が大半を占めていた。その頃の今村さんは、自らのスタイルを恃《たの》みながらも、どこかまだ自信なさげなところがあった。だが、その挑戦する姿勢と、四川の真髄を伝えようという気持ちが、店内の各所からひしひしと伝わってきた。今村さんは僕の目に、充分な魅力を備えた料理人の一人として映ったのだ。

8種の薬味

それから何度も、ときには料理人を伴ってこの店を訪れた。3年ほど前には、10人を超える人数で押しかけ、細長いテーブルを囲んで座った。メイン料理を食べ終え、締めの担々麺。「薬味をたくさん作りましたので、お好きに調味してください」ときた。丼には麺とタレだけ。テーブルの中央に8種もの薬味の皿が並んだ光景は圧巻であった。卓を囲む面々は一気に盛り上がり、それぞれ組合せを考える。

四川では、担いで売り歩いた麺という発祥から、担々麺はもともと汁なしが基本。それを復活させ、かつ四川風の薬味を何種類も用意する。日本風中華に慣れたお客が多いことを考えればば少々リスキーである。だが、この麺は大好評をもって受け入れられた。今村さんは自分の料理に対する自信を着々と深めつつある。このとき、そう思った。

「中華の選択肢を増やしたいんです。女性とワインが似合う店があってもいいでしょう」と話す。選択肢どころか、ほかでは食べられないスタイルの中国料理を提供することを使命と考えるからこその言葉だろう。

阪神間の名だたる中華料理人が集う「匠《たくみ》の会」という集まりがある。2～3カ月に一度、

店の営業後に料理人が集まり、テーマに沿って定番から前衛まで様々な料理を作って深夜まで批評し合うのだ。この会に、今村さんは積極的に参加している。

「内に籠《こ》もっていると限界があります。外に出てほかの料理人の仕事を見聞しておくと、そのときは何とも思わなくても、後で突然繋がることがあるんです」。今年39歳になった今村さんは「ようやくほかを見ることができるようになりました」と謙遜するが、〝自分だけの料理〟を思う気持ちがそれだけ強かったのだろう。

こうした努力の中から生まれた、薬味8種の担々麺。これは、今村さんの料理に大きなエポックを画する一品だと思う。人数が多いほど盛り上がり、調合の違う隣の麺をつまみ、薬味の種類を増やす醍醐味が増す。大人数で食べる中華をやんわりと退けてきた今村さんは、それを許容する料理人になったのである。「大人数になると大皿の楽しみ、ごちそう感も生まれてきます」と。僕は今村さんの懐の深さを知ると同時に、彼の料理はさらに変わっていくのではないかという予感を覚えた。

麻婆コンパス

自らのスタイルを貫くには、精神的な支柱が必要である。必死でそれにしがみつき、全力で走り続けて、初めて揺るぎないオリジナリティーが生まれるのだ。だが、そこからいかに変化してゆくかが、じつは料理人の真骨頂である。オリジナリティーは一通りではない。そして、新たなオリジナルを作り出すために、次々と生みの苦しみがやってくる。

「振り返る料理は何ですか」と尋ねれば、迷うことなく「麻婆豆腐です」と答える。「豆腐、2種類の豆板醤、豚と牛が3対1の挽肉、豆《トウ》豉《チ》、ラー油というシンプルな素材ですが、作る人で味が変わります。まかない料理で作ってみると、自分の方向性が分かりますよ」と加えた。麻婆豆腐という、常に帰るべき原点が決まっていれば、新たな何かを模索しながらも、ブレずに自分を見据えることができる。

料理人として脂がのり、周りを見渡す余裕

もできた。他ジャンルの料理を自分流にアレンジする技術と知識を持っているから、イタリア料理店で食べたタコとチーズのリゾットを、腐乳とピータンとタコの米料理に置き換えることもたやすい。

「もう一度食べに行きたいと思ってもらえる、今村の料理を作りたいんです」。最近食事をしたときに聞いた今村さんの言葉。そのとき、大柄な彼がひときわ大きくなったように思えた。

（2007年12月号掲載）

ラヴェニール・チャイナ

◆兵庫県西宮市羽衣町10-21 夙川K・SビルⅢ 1F ☎0798・26・3656 ㊢11:00～14:00㊤、17:30～21:30㊤ ㊡月曜、第3火曜（祝日は営業、翌日休み）㊇阪急各線夙川駅から㊕3分 ㊠ベター ㋕ほぼすべて可 ㊛テーブル24席※喫煙要相談 ㊎飲茶ランチ1350円、夜のラヴェニールコース5250円（2名～）。Gワイン630円～。※夜はサ10％別。

（P73）
上／6000円以上のコースに組み込めるオリジナル担々麺（要予約。写真は2～3人前）。現在の薬味は塩が利いた四川の漬物・芽菜（ヤーツァイ）や干しエビ粉末、味噌挽肉など。下／手前は本場四川の麻婆豆腐1050円。奥は広島産カキと春雨煮込み1470円（共に2～3人前）。

試行錯誤を繰り返した
真剣な〝表現〟の十割細打ちを

手打ち蕎麦 かね井

何してても、僕

かつて、とある雑誌で蕎麦特集を目にした。そこには、「脱サラ・坊主頭・髭《ひげ》」がいまどきの蕎麦店主像だと書かれていた。「まるっきり僕のことみたいでしょう」と苦笑いするのは、京都・紫野『かね井』の主・兼井俊生さん。彼もその記事を読んでいたのだ。「昔ペンション、いま蕎麦屋」という言葉も並んでいた。確かに、脱サラして蕎麦店を始める人は増えた。だが、ステレオタイプ化された十把一絡げの店主像に収まりきらない人物もまた、確実

にいるということを伝えたいと思う。

兼井さんは、リクルート社の広告畑出身である。表現に命を削るといえばオーバーかもしれないが、そんな仕事を目指していた。「すぐにのめり込んでしまうんです」と自嘲気味に話す。これはと見込んだクライアントに入れ込み、「社員証あげるわ」と言われるほど足を運び、コミュニケーションを深める。クライアントの信頼を得て、もう少し、あとちょっと表現を追いつめる現場の仕事。忙しいけれど、大きなやりがいを感じていた。だが、企業である。現場から管理職へ、出世という一定のコースが待ち受ける。表現したい兼井さんにとっては、それが人生の岐路となった。

退社である。「若い頃に通っていた喫茶店があったんです。マスターは素晴らしい職人さんで、使い込まれたペティナイフはいつもピカピカ。その方が、15年続けた店をポイと辞めて3年フランスに行くという。愛してやまないはずの店なのに、なんで？　と尋ねると『僕は何してても僕やから』と言う。響きました」。この時、兼井さんは、表現することがあれば、職に関係なく自己を確立できると悟ったのだ。

「三たて」の向こう

そこで浮上してきたのが蕎麦打ちである。勤め人時代から蕎麦に興味を持ち、有名店を軒並み食べ歩いていた。店は、自己表現の媒体《メディア》である。設《しつら》い、什器の選択に始まり、お客に水を出すか、茶を出すか、それを何℃で出すのか。種々の選択が、すべて思いのまま。まして、その空間で供するのは蕎麦。非常に原始的な料理だ。蕎麦の実を粉に挽いて、水でこねる。のす。切る。すべて手作業で完結させることも可能だ。できあがった蕎麦は、味わいはもちろん、太さ、長さ、色合いまで、同じものを出す店がない。自己表現を投影するには好適なフィールドである。開店までの数年間、毎週末のように自宅の台所で自己流ながら蕎麦を打った。師匠についたわけではない。自信に満ちあふれていたのでもない。漫然と打たず、試行錯誤を繰り返すことで、蕎麦は少しずつ旨くなっていった。

98年秋に会社を辞し、99年の年末に暖簾を掲げることにした。店舗に決めた西陣の町家を改修するには、手間と時間がかかる。現場に入り、大工さんを手伝う。近所の人たちは、鉢巻きとマスクの兼井さんを店主とは思わず「何ができるの?」と聞いてきた。とぼけて「手打ちの蕎麦屋らしいですよ。蕎麦だけで、うどんもご飯もなし」と答えると、ほとんどの人に「そんな定食も出前もない店、ここではアカンやろ」と言われたそうだ。

しかし、兼井さんの考えは変わらなかった。年末開店は年越し蕎麦を狙《ねら》ってのことであったが、「これで勢いをつけたいという気持ちがあったんです」と当時の思いを語ってくれた。しばらくすると、この店の姿勢を理解してくれる人も少しずつ来てくれるようになった。兼井さんが素晴らしいのは、単に手打ちの蕎麦を追求するだけでなく、「自分が打ちたい蕎麦」を意識できるところである。挽きた

て、打ちたて、茹《ゆ》でたてという「三たて」が旨い蕎麦の条件とされていた時代。兼井さんはその向こうに、細打ちや手挽きなど確固たるイメージを見、その目標に向かって努力した。すなわち、変化することを恐れなかった。

食べ手への思い

自らがイメージする蕎麦を現実のものとするために、数多《あまた》の実験を繰り返す。その一つに製粉がある。蕎麦の実は、石臼をどのように使いこなすかで粒の細かさや構成が異なる。使用する篩《ふるい》の目によっても、粉の質は劇的に変わる。こねるのに使う水、その量、茹で時間……。時間が許す限り様々な可能性を試し、そのデータを基に自分の蕎麦を組み立てる。

表現するために重要なのは、感性だけではないということを、兼井さんはしっかり理解している。技術とデータの裏打ちがあってこその表現だと考える。意識するべきは、気づいたことに対して素直に動く心と身体《からだ》を保つことである。この考えに、僕は大きく頷《うなず》いた。表現できるということは、その表現を実行に移せるだけのバックヤードを持っているということなのだ。

そしていま、僕は定期的に兼井さんの蕎麦を食べたくなる。十割でありながら細打ち。食すれば、喉ごしの良さと香りの高さにいつも感心してしまう。

「これでいいと思ったら、そこで終わり。近頃はむしろ、蕎麦に囁《ささや》かれます。『もうちょっとやりようあるんちゃうか』と」。こう書くと、ひたすら蕎麦にのみ向き合っている人と取られるかもしれないが、彼が最も気にするのは、やはり目の前のお客さんに「おいしい」と言ってもらえるかどうか。「自分の表現に走って、そこを見失うことは絶対に避けたい」と語る。

そんな職人の蕎麦が、必ずしも万人受けするとは僕は思わない。例えば、かけ蕎麦。十割の細打ちを熱いだしに入れるとすぐのびる。でも、それを供したい。その短命な一瞬を食べてもらいたい。その意気を感じれば、こちらはやけども覚悟で早く食べる。主は打ち方や製粉方法を工夫し、もっとのびにくい蕎麦をと考える。そういう兼井さんの蕎麦に、僕は惹かれるのである。

やけど覚悟で食べたい蕎麦になど、そう簡単に出合えるわけではない。


（2008年2月号掲載）

手打ち蕎麦 かね井

◆京都市北区紫野東藤ノ森町11-1 ☎075･441･8283 ㊔11:30～14:30㊤、17:00～19:00㊤（昼・夜とも売切れ次第終了）㊡月曜（祝日は営業、翌日休み）㊋地下鉄烏丸線北大路駅から京都市バス大徳寺前バス停下車 ㊏7分 ㊄不可 ㋕不可 ㊖座敷16席※全席禁煙 ㊎ざるそば900円、かけそば1000円。純米酒1合800円～。

（P79）
生粉に香りがふうわり、荒挽きそば1100円。蕎麦の実は福井・丸岡産、島根・三瓶産を中心にスポットでいろいろ。

洗練されたベタなお好み焼きは
奥さんとのタッグで進化し続ける

時分時《じぶんどき》

「大阪っぽい」の不思議

「豚玉をもってお好み焼きの王道とする」が僕の考えだ。数ある関西のお好み焼きの中でも豚玉を思うとき、真っ先に頭に浮かぶのが、この店のそれである。まず姿が美しい。ユニークな紡錘形のベースに、ソースとマヨネーズの化粧。食欲をそそる。食する。まるでスフレのような食感を認めてから、豚肉と生地の旨みが味蕾《みらい》に到達するまで時間を要しない。

初めてこの豚玉に出合ったのは7年前のことだ。偶然入ったここで、客は僕一人。鉄板の

向こう側に、主の亀田剛志さんとスタッフの男性。豚玉を注文した。それを焼く仕事ぶりの丁寧なことに驚きを覚えたことが、いまも記憶に残る。

数カ月して再訪すると、焼き手は亀田さんの奥さん・たかよさんに替わっていたが、丁寧さや味わいに変わりはなかった。「1週間みっちり特訓したんです」と亀田さんは言い、OLからの転身であるたかよさんは「最初は何が何だか分からないままに焼いていました」。いきなりの客商売。度胸が要ったろうが、彼女は同じ年にソムリエ資格試験をも突破し、今や店のワインセレクトを一手に引き受ける。彼女の素質はもちろんのこととして、亀田さんの教え方によるところも大きいと僕は思っている。

その亀田さん、じつはお好み焼きの修業経験はないに等しい。東京の料理店で3年間働いた後、ミナミのとある鉄板焼き店で仕込みを1週間手伝っただけで、粉もんについてはほぼ独学の徒である。そのキャリアで店を開こうと思うほど、「自分にしか焼けないお好み焼きを供したい」という気持ちが強かったのだ。とりわけ、豚玉を。

もちろん、豚玉だけでは店が成り立たない。亀田さんは、「お好み焼き」「鉄板焼き」というメニューに「串焼き」を加え、店のコンセプトとして「大阪っぽさ」を掲げたという。これは僕には不思議であった。確かに、お好み焼きも鉄板焼きも大阪らしいメニューだ。しかし、串焼きの華やかな見目や、店に漂う雰囲気は、お好み焼き屋のイメージとは一線を画する品の良さ。そこを尋ねると「生まれは大阪ですが、親の仕事で全国を転々としていたんです。中学3年生の頃に帰阪。そのとき僕が抱いた〝大阪ってこんな感じ〟という印象が店に反映されているんだと思います」との返事。東京時代も挟むから、ベタなナニワ風にはなりえない。彼の言う「大阪っぽい」に合点がいった。そして、南船場という立地を考えれば洗練されたベタは正解であったと思う。

鉄板とスクーター

独学で高い到達点を目指すには、想像力と克己心が必要である。想像力といっても、旨い豚玉を思い浮かべるだけでは足りない。

この店の鉄板は、板ごとに厚みが違えば、熱の回りを左右するガス管の数も違う。お好み焼き用の鉄板は厚さ19㎜で、ガス管が3本。一方、一品を仕上げる鉄板は13㎜厚でガス管が2本。何故か。お好み焼き用の鉄板は厚みがあり、ガス管の間隔が狭いので温度を一定に保つことができる。これを使い、１８０℃弱で約20分間焼き続ける。対して一品用は、温度を１００℃から２００℃以上まで調整できる。肉、野菜と焼く場所を変えることで温度を自在に調節できるから、調理のバリエーションが広がる。

料理における想像力とは、仕上がりを予想しながら緻密な組立てをすることだ。「一品用の鉄板は研磨が粗くて、うまく焼かないとひっつくんです。でも、適切な温度だとひっつかない。つるつるに磨いた鉄板を使えばいい

話ですが、その弱点が逆に面白いんです」と話してくれた。想像と克己、である。
食べ歩きから学ぶことも多い。気になる店があれば、遠くても夫婦して出かける。そのスタイルがユニーク。ベスパの200ccのスクーターに二人乗りで、大阪から山形のイタリア料理店『アル・ケッチァーノ』まで、さらには北海道まで走ってゆくのだ。「案外楽ですよ。前と後ろに荷物を積むと安定もいいし」と飄々。岐阜の鮎料理店『泉屋』にもこれで行った。「鮎の焼き方に学ぶところが大きかったです。本当にしっかりと焼くのですが、〝旨

みを閉じ込める〟とはこのことかと感じました」と。その鮎を、例えば肉に置き換えるとどうなるか。見ながら、食べながら考えるのだ。

貪欲さに学ぶ

東京で修業した3年のうち、最後の1年間は香港店で煮方のチーフを任された。現地のスタッフを使う立場だ。「技術的なことより、仕事に向かう姿勢を彼らから学びました」。中国人の気質だろうか、習っていないことでも「できない」とは言わず、「できる」と前に出てチャンスをものにしようとする。休み時間にも日本料理書を貪《むさぼ》るように読み、時間が空けば試作をする。「勝ち抜く、やり遂げるという熱意は、その後の人生に大きな影響をもたらしました」と語る。柔和な笑顔に激しい闘志はうかがえないが、芯に秘めた決意は並々ならぬものがある。

食べ手を満足させる店主の条件は？　と聞くと「時代に沿っていること。できる、できないを簡単に判断しないこと」と即座に答えが返ってきた。明確に自らの仕事を把握している。それを言葉にする能力にも長《た》けている。今後については「移転は考えています。もちろん、大きくなって良くなる店でないと」と、すっと言葉が出てきた。スタイルを含め、亀田さんの頭の中にはしっかりとした構想が完成しているのだろう。

店が大きくなると、必ず「前のほうが良かった」という声を聞く。記憶の味が現実の味を上回っているケースもあるが、当たっていることも多い。亀田さんは以前、「何品も同時に調理していますが、それぞれ注文されたお客さんの顔を見ながら『この料理はこの人のもの』と思って作っています。仕上がりは絶対違います」と話した。その気持ちは不変で、年を追うごとに強まっているという。その思いがある限り、移転しても心配は無用。亀田さんの店は、進化を続けていくに違いない。

（２００８年３月号掲載）

時分時《じぶんどき》

◆大阪市中央区南久宝寺町4-5-11 ライオンズマンション御堂本町1F ☎06・6253・1661 ㊔17:30～23:00㊤ ㊡日曜、祝日、第3月曜 ㊂地下鉄各線本町駅から㊃8分 ㊄必要 ㋕不可 ㊅カウンター9席、テーブル8席※テーブルのみ喫煙可 ㊎もやしそば840円～、淡路牛のステーキ1780円。Gワイン300円～。

(P85)
上／「ブタ」こと豚玉820円。独特の紡錘フォルムは、ロースとバラ、両方使う所以。異なる肉の形に合わせたからだ。山芋なしとは思えないほどフワフワ、ホクホク。下／この日の串焼きおまかせ5種セット1200円。手前から時計回りにタルタルサーモン、キノコのフォアグラバター、帆立のグリーンペッパーのせ、生ハムチーズのタラ芽のせ、山芋と生湯葉のベーコン巻き。

独自の創造力から垣間見る
中華の過去・現在・未来

創作中華 一之船入《いちのふないり》

空手家か教師か

いつ訪れても、この店の料理には驚かされる。中華料理の過去・現在・未来を食べているような気持ちを抱くのである。以前食した「佛跳牆《ぶっちょうしょう》」は、乾物を中心に30種以上の素材を数日間かけて煮込む福建料理の伝統スープ。脳髄に響くような、衝撃的な味であった。一方で、様々なジャンルが交錯しながら中華に着地する創作料理も見事。いったい店主の懐はどうなっているのかと不思議に思っていた。

「随分悪さをしました。地元の横浜では結構名前が通ってましたね」と話すのは、ご主人・魏禧之《ぎよしゆき》さん。優しい表情からは思いもよらぬ台詞である。出身は横浜中華街。大陸から渡ってきた祖父が始めた、バラック建ての小さな粥屋。これが、実家の湖南料理店『明揚《ミンヤン》』（現在は休業中）の始まりである。幼稚園や小学校の時分は、調理場で使うコークスを運ぶのが魏さんの仕事であった。庖丁を握ることも多かったという。

中学生になった頃、突如中華街が観光ス

ポットとして脚光を浴び、魏さん曰《いわ》く「中華街バブル」が訪れた。暮らしは一気に豊かになる。両親は家にいない。小遣いはたっぷり。ワルの世界に走る条件が整ったようなものだ。先の台詞は、そんな頃の話。

『明揚』は他界した魏さんの兄・守智さんが継いだが、本来なら魏さんは兄を助けてこの店で働いているはずであった……。「高校生の頃は、体育大学に入って教師になろうと思っていたんです」と。小さい頃から鍛えた空手で、一時はプロを目指そうかとも考えたが、教師のほうが生計を立てるには近道。そんなふうに考えていた。

しかし、21歳のとき、突然料理に目覚める。「やはり血でしょうね。兄が料理人になったことも影響しました」。基礎はできている。肩で風を切っていた頃の名残もあり、すぐにリーダーシップを発揮する。修業店でもめきめきと頭角を現す。常に前進しようという意識が強く、料理店での修業も7軒に及んだ。「料理の勉強も大事ですが、マネージメントやサービスも知りたかったんです。だから下足番から3年くらい接客の勉強もしました」と。どうすればお客が喜ぶか、何を求めて店にやって来るのか、お客との会話から何を読み取るか……などなど、厨房以外で身につく智恵は数多い。

情緒のない料理

料理ができる。接客も十二分。結果、あちこちから声がかかる。実家を兄に任せ、魏さんは各地の中華料理店をプロデュースするようになる。その一軒が京都・嵐山にあった。友人のつてで依頼を受け、店を作り、当初はそこの料理長も務めた。

しかし、人生いつ何時チャンネルが変わるか分からない。魏さんの場合は、二人の人間との出会いが転機となった。一人は建築関係者であり、もう一人は現在の経営パートナー。この二人が魏さんの料理に惚れ込み、京都の町家で店を開くことを持ちかけた。地盤はあくまで横浜。だが、あまりに強い二人の意欲に折れ、『一之船入』を開くこととなった。ちょうど12年前のこと。二人の要望は「創作中華」であった。北京・上海・広東・四川をミックスし、そこへ新たなセンスを取り入れた料理である。

京都では、初めから客が喜ぶ料理を作れたわけではない。それどころか「こんな味の濃い、情緒のない料理がここで通用すると思ったら間違いだ」という意見を山のように聞いた。内心、〝味のないものを食べている〟としか思えなかった京都人に自分の料理が分かるのかと反発を覚えたが、時間が経つにつれ、その微妙な味わいに気持ちが揺れることに気づく。はっきり言えば、思いっきり鼻っ柱をへし折られたのである。

「当時のお客さんの言葉がなければ、いまの僕はありません」と、魏さんは述懐する。きっかけは京料理の椀物。「素晴らしい椀物をいただいて、鳥肌が立ちました。水が違えば、こんなに料理が違うのかということが分かったんです」と。これは本物を知らねばと、京都の料理店を片っ端から食べ歩いた。まず、料理を見る。香りを感じる。味わう。京料理だけでなく、フレンチ、イタリアンなどからも貪欲に学んだ。その成果が、ソースやだしの味を前に出さず、素材の持ち味を開花させる料理。「自分の料理を出せるようになったのは、ここ3年くらい」と話す。これは謙遜であろう。

土台あっての攻め

基礎をみっちり学んだ人が作る料理は旨い。だが、古典だけでは客を感動させる料理を出せなかったと魏さんは言う。そこに現代の感覚や他国の料理法、素材・調味料を巧みに取り込み、独自の料理を作り上げたのである。攻めの姿勢が強い彼の料理だが、そこにはしっかりと土台が感じられる。だしの味を前面に出さない創作料理でも、だしがいいからこそ料理の輪郭が鮮明である。攻めと退《ひ》き、伝統と革新、自国と異国、一見相反する要素が、魏さんが作る皿の中では一体となって美しい表情を見せる。それが僕にはいつも刺激的で、その動向についてゆきたいと思うのだ。

魏さんは『一之船入』開店後も幾多の料理コンテストで優勝し、祖父の国元である台湾の料理界では鉄人と評される。09年に台湾で開催される「世界厨芸コンテスト」では、日本代表としてこれまでにないチーム編成で参加する。なんと、魏さんと京都『タントタント』グループの河上昌実さん、同じく『シェ モア』の中島 昌さんという中・伊・仏の三傑。この布陣で中華料理のコンテストに乗り込むのは大きな賭けだ。無謀とも奇襲とも取られかねない。そこを突破するために、打合せを重ね、互いにそれぞれの古典を学び、理解を深めている。

「偉そうなことを言いますが、一番になりたいです。もっともっと勉強して、僕の創作中華を作りたいんです」。五十路《いそじ》も間近というのに、常に安易な道を選択しない魏さんのエネルギーには頭が下がる。こんな料理人に出会うと、自分の年齢をさえ忘れてしまいそうになるのだ。

（2008年4月号掲載）

創作中華　一之船入《いちのふないり》

◆京都市中京区河原町通二条下ル一之船入町537-50 ☎075・256・1271 (営)11:30～13:30(止)、17:30～21:00(止) (休)日曜 (交)地下鉄東西線京都市役所前駅から (歩)3分 (予)ベター (カ)ほぼすべて可 (席)堀ごたつ16席、(個)9室(2～32名)※個室のみ喫煙可 (金)ランチ1500円～、夜コース6000・8500・12000円、四川風麻婆豆腐1300円。紹興酒G700～2000円。

(P89)
取材日のコースメニューより。手前は日中の麹とエビの炒め物。紹興酒・日本酒の酒粕を混ぜたソースが未体験なのに懐かしさを覚える不思議な味わい。奥は春雨スープ・太平燕（タイピンエン）1500円。強烈な旨みと、百合の花のたおやかな香りが同居する。

ストイックなシェフが生み出す
官能的フレンチ

レストラン　パトゥ

恍惚の牛テール

牛テールの赤ワイン煮込み。

フランス料理の中でも、僕にとってとりわけ印象深いメニューの一つである。単純に言えば、牛テールを赤ワインで煮込むだけ。ところが、作り方も味わいも千差万別。シェフによって大きな差が出る。最近はレストランで出合うことが少なくなった。流行りの料理ではなくなったのだろう。

『パトゥ』で、久々に惚れ惚れとする牛テールの赤ワイン煮込みを食べた。テーブルに届いたそれは、シンプルな盛付け。白い皿に、赤黒い大きな肉の塊《かたまり》と、白いジャガイモのグラタンだけが堂々とのっている。身体がブルッと震えるような緊張感を覚え、同時に思わず「これは旨そう」という言葉が出た。正直に言えば、一瞬、茫然自失の状態であった。

ナイフを入れると、ふわりと崩れる。口に含むと、まずワインの渋みがじんわりと広がった。次にテールの脂分と肉汁がその渋みと絡まり、洪水のように濃厚な旨みが押し寄せて

くる。あくまで優しく肉に寄り添うジャガイモと百合根のグラタンは、滑らかで艶《なま》めかしい味わい。ソースと一体になると甘みが増す。テールを赤ワインで煮込むのは3時間程度。そこから3日間寝かせて味を定着させる。フォン・ド・ヴォーを加え、温めて仕上げる。仕事は単純だが、手間と味の染み込み具合を確かめる技が必要だ。見た目からは想像できないほど、時間と仕事が詰まった料理なのだ。

この一皿で、オーナーシェフ・山口義照さんの凄さに圧倒された。「自分では、このメニューと、赤ピーマンのムースも好きなんです」と山口さん。この二つの料理は、彼の修業先、東京・三田『コート・ドール』斉須政雄さんのスペシャリテ。さらにそれらは、斉須さんがかつてフランスで働いていたレストラン『ランブロワジー』の三ツ星シェフ、ベルナール・パコーさんの代表的な一品でもある。パコーさん、斉須さん、山口さん。三人の料理に共通しているのは、皿の上がシンプルであり、時代を経てもメニューがあまり変わらないことだ。もちろん、メニュー名は変わらずとも、料理自体は少しずつ変化しているのだが。

ルールが料理を生む

山口さんの料理人生を語るうえで、避けては通れない料理人が二人いる。先述の斉須さんと、神戸『コム・シノワジ オーシャン』のオーナーシェフ・荘司《しょうじ》索《さく》さんだ。調理師学校を卒業した山口さんの、初めての仕事場が『コム・シノワ』で、次が『コート・ドール』である。その後、フランスに渡り数店で修業を重ねるが、二人から受けた薫陶は、いまの山口さんの骨格を作っている。

「荘司さんにはいろんな料理を教えてもらい、斉須さんからは考え方や姿勢を学びました」。斉須さんからは、料理にとどまらず広く精神面に及ぶ影響を受けたという。その基本は「何事にも、誰に対しても、同じように実直に接する」こと。何かをごまかそうとする者を、斉須さんは激しく厳しく罰したそうだ。

彼の著書「調理場という戦場」にはこうある。「掃除をすることは、料理人としての誇りを持つための最低条件であると考えています。（中略）清潔度は毎日やらないと保たれないものだから貯金してはいけない。愛情や信頼と同じですね。その意味でも料理を毎日やり続ける姿勢にとても近いのです」。山口さんもまた、「料理は毎日の同じことの積み重ね。特別なことじゃないんです」と説く。

「つい、何かせなあかんと思ってしまうのですが、必要ないことはやってはいけない。これが難しい」と。料理についての彼のルールである。「赤ワイン煮込みを作るときは、テールをワインに漬けておくのですか」という僕の質問に「そのまま煮込みます。メリットがあれば漬けますが、ないのでそのままです」。この言葉に、山口さんの料理に対する確かな姿勢を感じた。

努力とエロティシズム

厨房では、スタッフと同じ目線で仕事をす

る。手ずから掃除もする。シェフだからといって楽はしない。言うのは簡単だが、実行するとなると並大抵のことではない。スタッフもプレッシャーを感じるであろうが、山口さん自身はそれが特別なことだと思っていないはずだ。「掃除もシンプルなんです。雑巾は濡れたのと乾いたの、2枚使うだけです。洗剤はほとんど使いません」と話す。このような台詞が淡々と出てくることが僕には驚異であり、尊敬の念を抱いてしまう。こうした信念を貫くからこそ、シンプル極まる彼の一皿に、僕は武者震いするほどの緊張感を覚えた。その緊張は、食べ進むにつれて快感に変わってゆく。心地よい香りに包まれ、陶然たる世界に導かれる感覚である。言ってみれば、エロティックな料理なのだ。

料理は魔的なほどに艶めかしくエロティックなのに、話してみると、山口さんはストイックな印象だ。このギャップについては、まだ僕の中で充分には解決がついていない。それでも「これはヒントかも」と思ったのは、「火入れをどれだけ優しくすることができるかだと思います」という彼の言葉。料理を仕上げるアプローチについて話していたときのことだ。「タフでなければ生きていけない。優しくなければ生きる資格がない」という、昔流行った台詞ではないが、優しくあるためには、優しさを支える強靱《きょうじん》な精神が必要となる。それを培うには、日々自らを厳しく律するしかない。

フランス料理の命とも言える火入れについて、常に考えている、そして、まだ結論を出すには至っていないという面持《おもも》ちであった。その見えないところの機微を追い詰める膨大な努力、独自の方法論を組み立てようとする生き方が、皿の上に表れ、食べる人たちの心を魅了するのであろう。

彼の努力に終わりはないだろう。僕は、まだまだ山口さんの料理を食べ続けなくてはいけないと思った。

（2008年5月号掲載）

レストラン パトゥ

◆神戸市中央区中山手通3-5-10 サンシャイン中山手1F ☎078・392・8216 ㊔11:30～14:00㊤、18:00～21:00㊤ ㊡火曜（祝日は営業、翌日休み）㊍各線元町駅から㊛8分 ㊢ベター ㋕VISA、Master ㊫テーブル24席※全席禁煙 ㊎ランチ3675円～、ディナー5775円～、本日のシェフのおすすめコース8925円～。アラカルトあり。Gワイン1000円～、Bワイン4000円～。※サ別10%

（P95）
和牛テールの赤ワイン煮込み4370円。赤ワインでテール肉を3時間煮込んで3日置き、煮こごりを半分煮詰めてソースのベースに。

〝考える〟女性料理人が供す
繊細さを超えた唯一無二の串

串三昧
Wasab・i

「気」を感じる串カツ

ミナミの法善寺横丁。大阪の料理人にとっては憧れの地である。いつかここで店を開きたいと願う人は数多い。『Wasab・i』店主・今木貴子さんもその一人であった。

この店の料理が語られるときには、いつも「女性らしい」「可憐な」というキャッチフレーズがついて回る。確かに、ここの串カツは繊細だ。まるで和食の八寸のようにいくつもの素材が組み合わされ、従来の串カツとは一線を画する唯一無二の印象を与える。料理で大事

なのはオリジナリティー。彼女の独創が強く伝わる。

「二度づけお断りの昔ながらの串カツも好きなんですが、仕事帰りの女性が一人で入れる串カツ店があってもいいなと思ってこの店を作りました」と今木さんは話す。さらに聞き込むと、こう付け加えた。「焼き鳥屋さんで、おっちゃんたちが愚痴を言いながらも楽しそうにしているのを見て思ったんです。第一線で働く女性が増えてくれれば、彼女たちにもそういう発散の場が要るのではないかなと」。実はこの言葉、僕にとっては意外であった。ここへは何度も来ているが、そんな発散する女性たちの現場に居合わせたことがない。純粋に、今木さんの料理を楽しみたい人たちが集まっている様子なのである。

もちろん、女性ならではの目線が利いた店であることには違いない。油の匂いがこもらない店内、季節の素材をふんだんに使った視覚・嗅覚に訴える料理など、ポイントは外さない。油は植物性を使う。肉類より、季節を表現できる野菜を増やす。小さな皿に食べやすく盛り込む。食味を軽くするために、衣も粉と卵黄、メレンゲ、ミネラル水、ビール、オリーブ油だけに留《とど》める。生パン粉を仕入れ、店でさらに細かくし、揚げたときに吸う油の量を抑える……。一本の串カツを揚げるために、様々な角度から考察と工夫を加えているのだ。

「やっぱり、串カツは衣なんです。中身が繊細であるほど、衣が大事になります。タネの大きさによって厚みを変えるなど、考えるべきことが本当に多いんです」としみじみ語る。

二度づけお断り系の味付き衣を否定するわけではなく、あのストレートなおいしさを認めながら、自らの串カツの在り方を追求するのが今木さんの優れたところだ。

　そして、彼女は常に変化を求めている。話していると、それがビシビシ伝わる。串を媒介に、彼女の「気」をすら味わっている気分になるのが僕には楽しい。串の旨さと共に、こんな斬新な表現ができるのかと、強い刺激を与えてくれる店なのだ。

料理本のムシ

「考える人」である。

　今木さんの実家は、実は大阪でも有数の古書店。小さい頃はよく店を手伝ったという。あるとき、僕は彼女の弟さんと知己を得たのだが、彼は無類の本好き。博覧強記の人である。一方で「私は料理の本ばかり読んでいました。他のことに興味なかったんですね」と今木さん。最も影響を受けたのは、北新地『カハラ』の森 義文さんが25年以上も前に著した「カハラの洋風料理」（柴田書店・現在絶版）であったそうだ。実家で料理書を読み漁《あさ》り、大阪あべの辻調理師専門学校に通う。料理漬けの青春時代である。

　卒業当時はまだ女性料理人が希少で、カフェバー全盛期でもあった。一時、インテリア会社が経営するカフェバーを任され、料理を作ってはみたが、自分の目指す方向とは違う。そこから、辻調のフランス校に留学。帰国後、心斎橋『ビストロ　ヴァンサンク』（現『ル・ヴァ

ンサンク』)に初の女性スタッフとして入った。ここに3年半勤め、その後割烹で働く。その中で、今木さんはずっと考え続けていた。いったい自分は何の料理屋を目指すべきかと。

その結論が、串カツ屋であった。女性が作る、女性のための。老舗の串カツ『最上《もがみ》』の心斎橋店で3年間がむしゃらに修業し、憧れの法善寺で店を開いたのが96年のこと。「周りの人に助けていただきました」と振り返る。03年に火事に遭ったが、翌年には再オープンを果たしている。

「その瞬間」のために

月に2日程度の休みは必ず外食。うち1日は、同じ法善寺の日本料理店『本湖月』で旬の扱い方を学ぶ。もう1日は、その時どきの話題の店を巡る。そして、年に1~2回はフランスのレストランやワイナリーを訪ねる。「レストランのサービスを受けると、背筋が伸びる思いがするんです。料理をいただきながら、私ならどう作るか、どんな串にするかと考えています」。どこにいても、料理が頭から離れることはない。

言葉を選んでゆっくりと話す様に、とても柔らかな印象を受ける。厳しそうには見えない人だが、はっきりしたコンセプトのもとに働く仲間を集め、たおやかに、かつしっかりと差配できる。柔軟な性格と、頑固一徹の精神力が同居しているのだろう。

「やっぱり、考えるのが趣味なんですかね」と今木さん。新たな串メニューを考案しては試作する。メニューに載る確率は、約1割。僕たちが食する1皿の後ろで、9皿が日の目を見ずに埋もれてゆくのだ。しかも「いつも違ったことをしたくなるんです」と話す。挑戦を恐れず、好奇心旺盛。ゆえに、未知の世界や人との出会いを常に求めている。「インスパイアされるその瞬間が、小躍りしたくなるほど好きなんです」。

今木さんは一貫して、料理も雰囲気も女性のためにと考えてきたに違いない。そして、いまやその前提を抜きに、どこへ出ても十二分に通用する力を持ち得た。串カツと空間、そして今木さん自身の魅力に惹かれて、店は今日も予約客でいっぱいになる。

（2008年6月号掲載）

串三昧 Wasabi

◆大阪市中央区難波1-1-17 ☎06·6212·6666 ㊔17:00 〜21：30入店 ㊡木曜 ㊇各線難波駅から ㊣5分 ㊕ベター ㋕不可 ㊖1F カウンター10席、2F テーブル6席※ 2F のみ喫煙可 ㊎おきまりコース（串12本、茶漬け）3780円、おまかせコース（ストップ制）15本で約6000円程度。Gワイン730円〜。

（P100）
おまかせコースから4品。手前からアスパラ、サザエ、鰻、ジャガイモ。食べやすく切り揃えられたアスパラガスは、瑞々しさを残す軽い揚げ具合。温度玉子を絡め、生ハムと共に食せばコクが増す。

さりげなく、真似のできない一杯に
柔らかさと芯の強さが同居する

K6

0・1×100＝一杯

「あの人は、京都のバーテンダーの中でも一段違うところにいる人です」と話すのは、京都で人気を集める、とあるバーのバーテンダー。「酒に対する姿勢が素晴らしい。勉強になりますね」とは、某ウイスキー・ブレンダーの言葉である。バー『K6』のバーテンダー・西田稔《みのる》さんを評するこの二人も相当の人物なのだが。

確かに西田さんが作るカクテルは、唯一無二の味がある。精緻を極め、どこにも隙がない。しかし、そこに柔らかさと芯の強さが同居しているのだ。酒を飲むことの悦楽と矜持《きょうじ》を同時に味わえる。僕はそんなに酒が強いほうではないが、それでも飲むたびに確実にこのような感覚を体験する。

「カクテルの味が10点満点だとして、普通は1を10回足して満点を目指そうと考えます。でも私のところでは、0・1を100回足すことを考えろと教えます。0・1を単位にすれば、ひとつミスしてもでき上がりは9・9点。

1792

単位が1だと一度のミスで9点ですから、差は出るはずです」。西田さんはこう説明した。彼にとって、一杯のカクテルを作る工程には少なくとも100のチェックポイントがあるということだ。

普通のバーテンダーの10倍考える。完成度が高まるのは当然といえる。例えばジントニックなら、グラスやジンの温度、ライムの温度・切り方・のせ方・タイミング、トニックウォーターやソーダの種類・開栓後の時間・注ぎ方、氷の切り方・寝かせる時間など、とても書き尽くせない。考えなければならないことが数多ある。

しかも、バーテンダーはカウンターの内側。常に客から見えるところで作業を行う。「私を含め、うちのどのバーテンダーも同じ材料でお酒を作ります。特別なことは何もしていませんよと、さりげなく、しかし真似のできない一杯を作らなければならないのです」とさらりと話し、こう付け加えた。「0・1を0・01にしたいですね」。一杯に1000のチェックポイントを持ちたいと。44歳、西田さんの言葉である。僕よりちょうど一回り年下。「凄いですね」と応えながら、背中にひやりと冷たいものを感じた。

酔った自分が思うこと

「100のチェックポイント」を考えたのは23歳の頃だという。一般人なら会社勤めを始めたあたりだ。「大学1回生の頃、河原町VOXの『DEN-EN』というパブでバイトを始めたんです。そこでは、いかに水割りを早く作るかということが大切な仕事でした。21歳のときには副店長になり、店内に11席の『K 6』というバーを作ってもらったんです」。

バーテンダー生活の始まりである。その頃、銀座の著名なバー『毛利』で1週間研修を受けた。西田さんが作った水割りに対して浴びせられたのは「これじゃ、銀座ではお金をもらえないね」の一言。

そこから西田さんのトレーニングが始まった。休日には12～13軒のバーを巡る。この日はマティーニと決めれば、ひたすらマティーニと、店のマスターの好きな一杯をハシゴ。書くのは簡単だが、神経を研ぎ澄ませながら酒を飲むのは苦行だろう。22歳からの2年間で、全国の300軒を回った。

「毎回、最後のほうはベロベロです。でも、そのへべれけな自分を感じたかった。そうなったときにおいしいカクテルはどんな味か。締めに頼んだ一杯が、本当に気分を締めてくれるのか、もう一軒行かないと収まりがつかない味わいなのか、そこまで知りたかったんです」。

とことん追求したい性格なのであろう。しかも、望む世界に到達するための方法論を直観的に知っており、自分や自分が作ろうとするものを客観的に見つめられる。そんな彼のキャラクターは、その後の店づくりにも表れている。

少しだけ優れたところ

25歳から5年間、東京のジャズクラブのプロデュースなどを手がけた。独立して『K6』を開いたのは30歳のときだ。「当初はお客さんが全く寄りつきませんでした。周りでも、うちがいつ潰れるか賭けていたそうですから。昼間の喫茶営業もやっていました」。今の盛況からは想像しがたいが、僕も昼下がりのカウンターでコーヒーを飲んだことを覚えている。それでも、一杯の工程を100や1000に細分する西田さんの腕前はほどなくして広く知られ、多くの客が集い始める。

店の隣が空くとイングリッシュパブを作り、スペインバル、シャンパーニュバーと展開してゆく。「少しだけ他人より優れたところが私にあるとすれば、それは、お客さんが求める新たなバーのシーンを、人より早く見つけられることです」と、ややはにかみながら告白した。確かに、イングリッシュパブも祇園の『クーゲル』というシャンパーニュバーも、世の中がそのジャンルに注目する前に店を開いている。

「始めた頃は自分と同じ年齢層の方が多かったのですが、年を重ねて周りに若い人が増えてくると、無意識のうちにどこか傲慢になる。でも、祇園界隈でシャンパーニュメインのバーなら年上のお客さんが多くなるはず。〝西田くん〟と呼ばれているほうが私にはいいんです」と、40歳にして『クーゲル』を開店させた理由を教えてくれた。自らを律することができるから可能なことだ。「でも『K6』がいちばん好きな店です。最終的に自分の店はここだけ、という気持ちも強いです」とも明かした。

今後を尋ねると「45歳からの5年くらいで

世界のバーとホテルを見て回り、ホテルを作りたいと思っています。もちろんプロデュースということですが」と答えてくれた。休日は京都市内のホテルに泊まることも多いという。準備はすでに始まっている。

「最後まで酒神バッカスに愛されるバーテンダーでありたいと思っています。そのために、僕もずっとバッカスを愛し続けます。最後は、ストレートのウイスキーをドボドボと注《つ》ぐようなバーをやりたいですね」と。融通《ゆうずう》無碍《むげ》な店であっても、そこにもきっと西田さんの流儀は存在するのだろうが、まずはホテルを楽しみにしたい。

（2008年7月号掲載）

K6

◆京都市中京区木屋町通二条東入ル ヴァルズビル2F ☎075·255·5009 ㊐18:00～翌3:00（金・土曜は～翌5:00） ㊡無休 ㊚地下鉄東西線京都市役所前駅より㊦5分 ㊢不可 ㋕ほぼすべて可 ㊛カウンター22席、テーブル20席※喫煙可 ㊎カクテル840円～、ウイスキー1ショット840円～、シャンパンG1260円～。大原卵のサンドイッチ1050円。チャージ300円。

(P107)
作っているのは西田さんが最も好きなカクテルだというサイドカー1050円。身体から離して柔らかく振るシェイク術は独自に編み出したもの。

2種のシャリ使いは客への気遣い。
小ぶりなにぎりの衝撃を味わう

鮨 中広《なかひろ》

大将の胸板

L字形のカウンター。料理人の姿が真横から見える位置に座った。この店を訪れるのは数年ぶりである。大将・中広伸次さんの仕事ぶりがつぶさに観察できる。

客の注文を受け、中広さんからスタッフに指示が飛ぶ。抑えた声で、短く的確に。寿司を握り始める。板場の空気が少し張りつめ、心地よい緊張感が伝わる。ネタを切り、シャリを摑み、握る。一定のリズムを刻む。フォームを正確になぞるスポーツ選手のように、握る動作は変わらない。客に言葉を発することも少ない。

僕は寿司屋に行くと、主の立ち姿を見る。下半身を安定させ、上半身をいかに軽やかに動かすか、そこに注目する。プロの仕事は、決まった工程の中でどれだけ無駄を省けるかが重要な課題だ。特に寿司の場合は、速度が大きな意味を持つ。握ったシャリにネタを合わせる。この一体感が命なのだ。時間と手順をロスしてシャリが硬くなったり、ばらけたりし

2006
Bourgogne

てはいけない。腰を支点に上半身をきびきび動かす中広さんの動きには、ブレがない。惚れ惚れとするような無駄のなさである。

そこで初めて気がついた。中広さんの胸板が、以前に比してはるかに厚くなっているのだ。「大将、身体を鍛えてはるんですか」と尋ねた。「休み時間にウェイトトレーニングを、一日40分ほど」。重さは？　と聞けば、いつもベンチプレスで75kgを上げているという。一般男性が持ち上げられるのは、せいぜい体重の3分の2程度のはず。しかも、自宅にベンチを備えているというから、本格的なアスリートである。

料理人に、そんなトレーニングが必要なのだろうか。「しんどいときでも、心身ともに保《も》つんです。トレーニングしないと心も身体もだらっとなまって、ストレスになります」。1週間休むと75kgが上がらなくなり、重量を落として再開しなければならない。「筋肉は、ギリギリ以上まで酷使して初めて限界を破れるんです。サボると、すぐに力が落ちます」と。仕事における影響を尋ねると、「根性や度胸がつきました。お客さんの前で喋るたちではなかったんですが、それも克服できました。寿司に妥協しないという姿勢にも、つながっていると思います」と返ってきた。

適度な運動で身体を作る料理人は多いが、ここまでハードに鍛え、はっきりと精神面や寿司への影響を語る人は、そう多くないだろう。

仕入れ4回、寿司飯2種

繁華街からは遠い。商売に向く場所ではないと思っていたが「そうでもなくて、住宅地ですが結構来ていただけるんです。2階が住まいなので、通勤時間分働けますし。市場が近いのも好条件の一つです」という。

実は中広さん、ネタの仕入れを一日に4回こなすのだ。まずは早朝7時、神戸中央卸売市場で活きた白身魚を注文。帰りに湊川・東山市場で店頭に並び始めた近海ものの魚を選ぶ。今度は10時半頃、再び東山市場で捌《さば》かれた魚を仕入れ、最後に三たび東山市場で昼網の魚を。少しでも良いネタを客に出すため、それぞれの市場が得意とするジャンルの魚を、最適なタイミングで手に入れる。本人のこまめな努力で、地の利を生かしきっている。

寿司飯は2種類を用意する。一つは米酢に天塩《あましお》と砂糖という関西風。もう一つは黒酢と天塩のみ、やや関東風である。だが、この黒酢のシャリは江戸前を志向して生まれたのではない。糖尿病など糖分が制限される客のために独自に編み出し、それを少しずつ進化させたものなのだ。〆ものにも合うということで本来の目的以外にも使われるようになった。今ではこの寿司飯のファンも多いそうだ。

ネタによってシャリを変える効果は確かにある。にぎりに大切なネタと寿司飯の一体感も、もちろん充分。そして存在感でいうと、ネタと同じくらいに飯の印象が強いのだ。小ぶりな寿司だが、初めて食する人は衝撃を覚えるはずだ。

江戸前でもなく、といって関西風でもない。小さな寿司の中に、凝縮した飯と魚の世界が同居する。お互いが自分の味を発揮しながら、ギリギリのところで手を結ぶ。この危うい均衡が、たまらなく魅力的なのである。

バランスの向かう先

今年43歳。高校卒業後、神戸・ポートピアホテルに入社し、寿司職人の道を歩み始める。そこで4年働き、その後、三宮の『勇《いさみ》すし』で3年、再びポートピアホテルに戻り3年。28歳で独立した。現店舗の近くで7年、さらに移転して8年目を迎える。ベテランの域に達しようとする中広さんだが、客に相対する姿勢はいかにも謙虚だ。

「寿司屋のカウンターは、作ったものに対する反応がストレートに返ってくる仕事場。お客さんに喜んでもらってこその商売だと思うんです」と話す。客の醤油のつけ方や減り具合にさえ細心の注意を払い、それによって後に出す椀物の塩気を調節する。そこまで気を遣ってこそカウンターの寿司屋、という意識を強く持っているのだ。

一日4回の仕入れ、2種類の寿司飯というスタイルは、ここ15年ほど変わらないという。仕入れのための努力は料理人として当然のこととして、店の立地や客の健康状態など、自らに与えられた条件をいかに精いっぱい生かすか。中広さんの寿司のバランスは、彼がそれらを考え抜き、立てた目標の実現のために汗を流してきた結果だ。

もともと痩せ型で、最近までは鍛えても筋肉が付かなかったという中広さん。だが、努力は目に見える形で実を結びつつある。彼の小さなにぎりは、肉体に呼応するかのように、以前にも増して凛とした力強さを漲《みなぎ》らせていた。

（2008年8月号掲載）

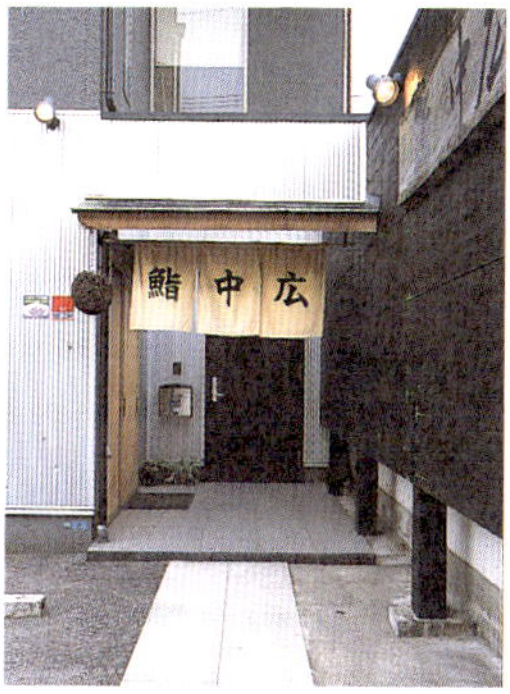

鮨　中広《なかひろ》

◆神戸市兵庫区石井町4-2-13 ☎078·578·0556 (営)12:00〜13:30(止)、17:00〜21:00(止) (休)水曜 (交)各線三宮駅より神戸市バス石井町バス停下車 (歩)1分 (予)必要 (カ)ほぼすべて可 (席)カウンター12席 (個)1室（2〜8名）※喫煙可 (金)ランチにぎり寿司（吸物付き）1890円〜、にぎり2カン210〜1260円、おまかせ5000〜15000円。日本酒G200円〜、Gワイン600円〜。

(P113)
上／住宅街にあるカウンターで中広さんの“動き”も楽しみたい。下右／手前は黒酢シャリのキス2カン420円。〆た身の歯ごたえを味わううちにシャリがほどけ、コクある酸味が広がる。奥は芽ネギ2カン420円。甘みのあるシャリがジューシーな芽ネギと爽やかに高め合う。下左／セラーも備え、赤・白・シャンパンも。写真はブルゴーニュのオート・コート・ド・ニュイ2006。B4500円。

二つの舞台で展開される
シェフ独自のパン・ワールド

パンデュース／アド・パンデュース

技術が欲しい

「大学時代、トライアスロンをやっていたんです」。シェフ・米山雅彦さんは、自らの経歴に触れた。「いまは走る時間もありませんが」。全国大会に出るほど打ち込んだトライアスロンを捨ててまで、彼がパンにのめり込んだ経緯を知りたくなった。

「就きたい仕事の条件は、明るい時間に自転車に乗れることでした」。最初の就職先は大手のパンメーカーであった。「職人は朝が早い分、終わりも早いはずだと。実際は、朝早くて夜遅いですね」と苦笑混じり。それでも「工場に初めて入ったときのいい香りをいまでも覚えています。わくわくしました」。自転車こぎも怠らなかった。しかし、勤め人として現場仕事を重ねるうち、パンに夢中になる。自ら生地を捏《こ》ね、焼きたいという欲求が突き上げてきた。

休日に豊中の有名パン店を手伝うようになり、パンに対する思いはますます深まった。その頃、パン店オーナーが紹介してくれたのが

神戸『ブランジェリー コム・シノワ』の西川功晃さん（現・サマーシュ）である。店に欠員がなく、半年近く顔を出しては「まだ空き、ないですか」と声をかけ続け、やっとの思いで入社。しかし。「ショックでした。西川さんの仕事の一つひとつの意味が理解できなくて。あの頃ほど、心底から技術が欲しいと思ったことはありません。自転車はその頃売りました」。競技を捨てた米山さんは、いつしか向上心の塊となってパンの道をひた走っていた。

トイレを我慢して

メーカー時代、主任職に就いていた米山さんだが、『コム・シノワ』で生地に触ることができたのは半年後だ。あるとき、米山さんの奥さんが挨拶がてら店を訪ねてきたとき、彼はガス台を掃除していた。「前の職場では人をまとめていた自分が、パンを作らずにガス台の掃除。恥ずかしいと思ったんです。彼女は僕の態度でそれを見抜いたんでしょうね。家に帰ると、以前の名刺は全部捨てられてました」。

それからは、「当時の記憶はあやふや」というほどがむしゃらに働いた。トイレを我慢して雑用を早く終わらせ、「手が空いたんでやらせてください」と先輩に訴える。仕事は簡単には譲ってもらえないが、3回に1回は「やってみるか」となる。その繰り返しから2年後、「上の人が次々辞めて、スーシェフになったんです」。たまたまだと本人は言うが、そこは実力の世界。働きぶりが認められたのだろう。

3年目には仕事の大部分を任されるようになっていた。

　超えられない存在が、すぐそばにいる。考え方は二通り。ずっとその師に就いて学ぶ。もしくは、師から離れて異なる方法論を探す。米山さんが「天才です」と讃える西川シェフとタッグを組むうち、その迷いは深まった。入社して5年が経った頃だ。そんなとき、社外から西川さんに新店プロデュースの話が舞い込む。その店を任せられることになったのが、米山さんである。

　これが、大阪・本町の『パンデュース』。店のオーナーと西川さんに「自店を建てるつもりでやってみろ」と言われ、レイアウトから商品ラインナップまで思う通りに決めた。西川さんプロデュースということで、注目が集まる。取材も多かったが、「デニッシュ系は撮影から外し、ハード系や野菜のパンに特化しました」とコンセプトを明確に打ち出した。さらに、「『コム・シノワ』のパンみたい、というお客さんの声を聞くと、次の日からそのパンはやめました」。

　比較されることは承知の上だが、西川さんと対等の職人を目指し、そのために別の路線を歩もうと望んでの仕事である。違いをどう打ち出すかに腐心した。いまや、デニッシュ系は生地さえ作らない。徹底的だが、これが米山さんの真骨頂でもある。

想像力とバランスと

「パンは、厳密なレシピの数字に守られた世界なんです。そこで〝らしさ〟をどう表現するかが大切です」と話す。バゲットの生地は、小麦粉100gに対して塩2g。そこを変えずに、どこまで個性を際立たせるか。必要なのは想像力だと米山さんは言う。同じレシピでも料理人によって仕上がりが大きく違う。数字を超えたところで想像力を働かさなければ進歩はない。「味覚を想像しながら仕事をしなさい、とよく言うんです」。レシピの数字は何の意味があって決まっているのか、スタッフに伝えるため、「想像を」と言い続ける。

この春、『淀屋橋odona《オドナ》』に開店したパンと野菜のレストラン『アド・パンデュース』のシェフも兼任。「よくオーナーと話すんです。『パンデュース』の2店のように、次は僕の部下と組んでくださいい、プロデュースは手伝いますって」。実力があっても独立できない職人は多い。若い仲間に夢を与えたいのだろう。

37歳にして、常に次のステージを見据え、自分の立ち位置もしっかり把握している。「トライアスロンの3種目って、みんな左右対称の運動なんです」。そのせいばかりではないだろうが、バランス感覚がいい。彼が作るパンは、彩りや形も面白い。「この形を作ったから、次はこの形と、全体で考えています」と、ここでもバランス。

先日、その『アド』でランチを食べた。優しい味わいのパンと、野菜への思いが伝わる料理の組合せ。料理担当・田渕浩佐《こうすけ》シェフとのコンビも、すべり出し上々のようだ。近年、関西のパンのレベルはめざましく向上している。その中にあっても、職人気質とバランス感覚を兼ね備えた米山さんのパンは、輝きを増しながら、さらに独自の地歩を固めていくに違いない。

（2008年9月号掲載）

パンデュース

◆大阪市中央区淡路町4-3-1 FOBOSビル1F ☎06・6205・7720 ㊖8:00～19:00（土曜、祝日は～18:00）㊡日曜 ㊇地下鉄各線本町駅より ㊣5分 ㊭不可、パンの取置き可能 ㋕不可 ㊟カウンター14席※全席禁煙 ㊎リュスティック190円、有機ネギのタルティーヌ260円。コーヒー250円。

アド・パンデュース

◆大阪市中央区北浜4-3-1 淀屋橋odonaビル2F ☎06・6223・0300 ㊖ダイニング11:30～14:30㊤、17:30～22:00㊤（土・日・祝は11:30～18:00㊤）、パン販売10:30～売切れ次第終了（土・日・祝は11:30～18:00、売切れ次第終了）㊡不定休 ㊇地下鉄淀屋橋駅 ㊣1分 ㊭昼は不可、夜はベター、パンの取置き可能 ㋕ほぼすべて可 ㊟テーブル30席※全席禁煙 ㊎ランチ850～2000円、前菜300円～、メイン2000～3000円程度。ビオワインG500円～。

(P119)
インカのめざめとローズマリーのフォカッチャ140円。小さなハートのペイザンヌ100円など、遊び心に溢れたパンの数々。

上／手前・米山シェフ、奥・料理担当の田渕シェフ。

格好いいから料理人になった……
主が感性で創造するイタリアン

カ・デル ヴィアーレ

きっかけはフェラーリ

僕が『カ・デル ヴィアーレ』のオーナーシェフ渡辺武将さんに初めて会ったのは1999年、『クッチーナ・イル・ヴィアーレ』開店当初のことだ。そこから10年間営業を続け、現在の2階建ての一軒家に移転した。白い建物である。まだ移転して時間が経っていないので非常に清潔感のある店内が見事だ。渡辺さんにとって清潔感は、飲食店として極めて重要なポイントだ。

以前にこんな台詞を聞いたことがある。「僕のところは年末に大掃除しないんです」と。それは「油をそのままにしておくと、なかなか取れなくなります。毎日、朝昼晩と3回掃除、毎回拭き上げますから」という種明かしであった。小さな積み重ねが、偉大な結果を生み出す。整理整頓され、美しく磨き込まれた厨房からしか美味が生まれないと言っているワケではない。一定の状態が守られると、動きに無駄がなくなる。プロフェッショナルの仕事に無駄が入り込む余地はない。だから、そ

れが大きく影響することは相違ないだろう。

「格好いいことが好きなんです」と渡辺さん。高校時代はミュージシャンになりたかった。ギターを買おうと飲食店でアルバイト。じきクルマにも興味が湧く。Ｆ１レーサーも格好いい。だが、バイトで入ったある割烹で、料理人への道が開かれた。賄いで出た鯛のあら煮。バブル期のこととて、賄いなのに天然の鯛を使っていた。旨い。感動し、「粋《いき》でいなせな板前になりたい」となるわけだが、しばらくすると今度はフェラーリが気になりだした。フェラーリとくればイタリア。そんなきっかけで、イタリア料理人を志す。洋食店でのバイト経験はあっても、調理師学校には通っていない。何とも危なっかしい出発ではないか。

「ピザないの？」

19歳で、スパゲッティー中心のイタリア食堂に入る。「リゾットなんか、今思えばおじやみたいでした」。そこから京都の老舗『カーサビアンカ』に移る。ここで当時の名物パスタ、アサリのスパゲッティーと出合い、これが本当のイタリア料理かと目を開かれる。その後、東京の『アクアパッツァ』で2年弱、京都に戻り、再び『カーサビアンカ』で働き、28歳で独立する。

「一日でも早く独立したかったんです。器用だからすぐスーシェフになったりして、当時は自分を凄いと思っていました」と告白する。「今では、独立は少し早かったかなと思うこともあります。勢いだけでしたね」。

初めから、コース料理のみの展開。今でこそ連日満席だが、当初は「ピザないの」「スパゲッティーだけ食べさせて」という客が予想以上にいた。「コースしかありません」と答えると「ほな、ええわ」と。「悔し泣きしたこともありました。そこで『申し訳ございません』の一言が言えない自分は、若かったんですね」。

そしてあるとき、彼は気がついたのである。料理だけが仕事だと思っていた自分は、勘違いをしていたと。料理人、とりわけカウンター内の料理人は、料理と共にサービスをも提供しなければならないという大前提を、改めて認識したのだ。

飲食店の従業員は普通、調理と並行してサービスの経験もある程度積む。だが、調理の上達が早すぎた渡辺さんには、そのプロセスが欠落していた。すでに独立した身。教えを請うべき人はいない。お手本を探した。「バーテンダーのサービスは見事だと思いました。あちこちのバーに通って、いろんなサービスのノウハウを聞き出したんです」。酒、人、雰囲気。バーを訪れる客は、それぞれ求めるものが違う。その一つひとつに対応する懐の深さが、勉強になったという。「おいしい料理さえあれば、お客さんは来てくれると思っていたんですね」。不得意だったサービスだが、それを学ぶ教科書として、優れたバーテンダーに目をつけるのは渡辺さんの感性である。

賄いを作るシェフ

京都に戻った頃、上賀茂の野菜生産者・森田良彦さんに出会う。土の恵みをしっかり感じられる彼の野菜は、渡辺さんの支えとなった。以来畑に通い、要望に応じた作物を作ってもらえる関係を築いた。理想的な形でもある。料理が洗練されるのは当然の成り行きだ。

移転後の大きな変化は、2階の昼間はブッフェスタイルで料理を供すること。だがそこにもちゃんと渡辺さんの意識が見える。料理がずらりと並ぶところをテーブルから見えないようにした。「食事をしているところから、他のお客さんがぞろぞろと皿に料理を取っているのを見るのはどうかと思って、隠れたコーナーに料理を置いたのです」と。これは作る立場ではなく、あくまで食べる側の視点から見つめた結果である。

スタッフには、独自の技術もすべて教える。未経験者には、料理はおろか賄いも1年間は作らせず、代わりに繰り返し味見をさせ、客に出すのと同じ素材で賄いを作り、食べさせる。「何が旨いかを教えもせず、経験の浅い人に料理を作らせて、まずいと叱るのはおかしい。おいしいものを分からせた上で注意しないと、若い人の未来を閉ざしてしまいます」。美味を知ることの大切さが身にしみているからこその方法論である。

自分の供したい料理を食べてほしい。その思いは今も同じだろうが、「気が付いた」後の渡辺さんは、食べ手の心情に配慮してこその料理店だと考える。少々独りよがりだった自分を省みて、改めるべきは改める。だから常連客が増え、スタッフも育つ。07年には、すぐ近くにカジュアルな『タヴェルナ・イルヴィアーレ』を、08年には四条大宮にピッツァ店『アル・カミーノ』を作った。次なる展開が渡辺さんの頭の中に渦巻いているに違いない。

（2008年10月号掲載に追加取材）

カ・デル ヴィアーレ

◆京都市中京区西ノ京千本三条西入ル北側 ☎075・812・2366 ㊔11:30～14:00㊟、18:00～21:30㊟ ㊡月曜 ㊋地下鉄東西線二条駅から ㊕5分 ㊜必要 ㋕ほぼすべて可 ㊖1Fカウンター8席、テーブル16席、2Fテーブル22席、テラス16席※テラス席のみ喫煙可 ㊎ランチ2100・3800・5500円、ディナー3800・6500円、おまかせコース9500円～（事前オーダーが必要）、アラカルトあり940円～。Gワイン730円～、Bワイン4200円～。

（P125）
手打ちパスタ、ビゴーリは6500円以上のコースから。丹波黒豆とピエモンテ産のゴルゴンゾーラを合わせて。軽く縮れた太麺のしっかりとした下味が、濃厚なチーズの旨みと官能的に絡み合う。

時代に敏感な日本料理。
今あるべき料亭の姿がここに

子孫《こまご》

4時間の晩餐

さて、どう締めようかと僕は迷っていた。午後6時半に始まった食事会は、10時を回っても収まる気配を見せない。メンバーは、料理人4人にソムリエ、医師など多士済々、食い道楽の12名だ。当日の献立が渡された。恐ろしく長いが、我々の興奮ぶりを想像していただくために列挙しよう。

どれも直球勝負、しかも剛速球の連続。ひと皿ごとに「これは旨い」「よう、ここまで」と賞賛が飛び交う。料理に力が漲《みなぎ》るほどに宴《うたげ》は盛り上がり、議論は白熱してゆく。壮大なスペクタクルを観ているかのようだ。

この日は、先付と八寸が二度出た。各々、異なる季節感や温度帯を楽しめる二段構えの工夫がなされている。年に70〜80回は和食を食べるが、ここまで考え抜かれた献立に出合うことは稀《まれ》だ。そこには、店主・藤原研一さんの料理に対する深い思いと造詣がみっちりと詰まっている。

されど、食べ手はわがままなもの。剛速球

が続けば変化球を請う。豪華な椀種に喜びながら「シンプルな料理もいいね」などと。ものには幾通りもの捉え方がある。長所は斜《はす》に見れば短所にもなりうる。いずれにせよ、意見が飛び交うというのは、料理が語るに足る価値を有しているからである。

境界を踏む勇気

藤原さんの料理を初めて食べたのは、実は最近のことだ。数人の料理人から噂は聞いていたし、本誌もかつて取材に訪れている。事前情報が多く、その評価が高い場合、期待を裏切られはしないかと僕はかえって心配になる。だが、この店に限って、それは杞憂だった。いや、期待以上だったのだ。

関西屈指の茶懐石料亭である、滋賀・八日市『招福楼』出身。精緻を極めた料理が続くとまでは予想できた。確かに、端正。しかし、伊勢エビを使いながら上品に仕上げた素麺など、ガストロノミックで、かつストレートに胃袋を揺さぶる料理の数々を前にして、僕は俄然、藤原さんの哲学を知りたくなった。

「絶対に外してはならないという、懐石の枠組みを『招福楼』で教わりました。今、料理の一つひとつについて、これはしていいことか、この素材を充分に分かっているかと、自分なりに考えているところです」。これだけの料理を作る藤原さんにして、まだ道半ばだと言うのだ。「西欧や中華の食材も入ってきます。おいしさのためにそれらを使いたい。でもどこまでを日本料理と規定するのか、難しいで

すね」としみじみ話す。伊勢エビ素麺も、藤原さんの中ではギリギリのところを歩んでいる料理なのであろう。替えの八寸に登場したキャビアもそう。考え抜いた末の思い切りが読み取れる。

　守るべき境界は確かに存在する。だがその境界線には、各人の解釈次第で多少の振り幅があっていいはずだ。もっと言えば、ときに境界を少し踏み越えた料理こそが、食べ手には刺激的で愉しいこともある。オフサイドを恐れてばかりでは料理は前進しない。流れる時代の中で、気候も食材も、文化までもが変容する。淀むことなくそれに対応してこそ、今を生きる人が「旨い」と唸る料理ができあがる。

だから藤原さんは、線引きに葛藤しながらも試行錯誤を繰り返す。それは、彼が優れた食べ手であることの証左でもある。お客の要求を的確に摑む。その求めを満たすための課題と、過去にそれを乗り越え得た方法論が、この気鋭の料理人の身中には堆《うずたか》く積み上げられている。

強靱な茶懐石

藤原さんの父は現在の地で料理旅館を営んでいた。高校を卒業して料理人を志し、修業に出ようと考えたときの選択肢が『吉兆』か『招福楼』。「名の通った店しか知らなかったんですね。親のツテで入れてもらえたのですが、入ってから社長の教えに強く惹かれ、料理がどんどん楽しくなっていきました」。背景に広がる日本文化を知るにつれ、ますます面白さが増したという。

父の後を継ぎ、業態を料亭に改めたのが02年。修めた茶懐石にはその後、研究や食べ歩きの成果として西洋・中華料理のエレメントが加わった。無論、すべての国の料理には文化という根っこが付いている。それらを理解しなければ気が済まない人だから、知識は飛躍的に増えてゆく。

日本料理ほど変化に対して強靱な料理はないのではと、たまに僕は考える。藤原さんの料理は、その強力な傍証となる。惹かれるのも道理なのである。今後も彼の料理は、時代と共に魅力的な変貌を遂げてゆくだろう。まだ数回ではあるが、藤原さんの料理を食して強くそう思う。

子孫《こまご》

◆兵庫県西宮市甲陽園本庄町5-21 ☎0798·71·1116 ㊫12:00～13：30㊤、17:00 ～ 20:00㊤ ㊡木曜 ㊯阪急甲陽線甲陽園駅より ㊜5分 ㊮必要 ㋕ほぼすべて可 ㊑テーブル14席 ㊘2室（2～8名）※個室のみ喫煙可 ㊎昼のミニ会席5250円、会席10500·15750·21000円。日本酒1合735円～。※サ10%（テーブル席）、20%（個室）別。

(P131)
手前は吹き寄せ八寸。鯖寿司、柿の黄身酢がけ、イクラの醤油漬けなど。奥の替え八寸はカニの酒盗和え、カニと外子、内子と長芋、黄菊。替え八寸は21000円のコースで不定期に登場（要事前確認）。

(P133)
上／自家製の栗きんとんに、宇治「丸久小山園」製を使うことが多い薄茶。下／女将·賀代さんも『招福楼』出身。

【先付】オクラ羹（かん）／雲丹／山葵酢
【替】鮑／肝酢／青ずいき／赤・黄パプリカ／加減酢
煮凍り
【煮物椀】萩身蒸／香茸／巻法蓮草／柚／清汁仕立て
【造り】鯛／烏賊／車海老／菊花／花紫蘇／大根より／
山葵／梅肉／醤油
【冷物】伊勢海老素麺／温玉／三つ葉／柚
【八寸】衣被（きぬかつぎ）大徳寺納豆射込／栗甘煮／銀
杏松葉さし／鯖生ずし芥子黄身酢かけ／穴子火
取（ひとり）
【替】鮎昆布〆うるか和え骨素揚げ
マスカットキャビア和え／菱かに味噌長芋和え

【焼物】かます芝漬焼／芥子割醤油
【強肴】菱がに／焼きなす／黄韮（きにら）／小芋
かに味噌入り柳川鍋／粉山椒
【箸休】黒豆湯葉汁なめ茸／鶉（うずら）温玉／とき山葵
【鉢物】冬瓜油煮／鱧／吉野葛餡／すり生姜
【御飯】干貝柱ご飯／火取干子
【吸物】鴨丸／しめじ／生姜汁
【香之物】五種
【水物】メロン／桃／ピオーネ／マンゴソース／グラッパ
フローズン
【菓子】残月黒砂糖葛焼
【薄茶】銘／又玄

（2008年11月号掲載）

洗練された豪腕ビストロ料理に
レストランのエッセンスを注入

ヴレド　ヴレ
シェ　ヒロ

王道ビストロ出身

大垣裕康シェフの料理を初めて食べたのは、もう16年ほど前のこと。彼が淀屋橋『ビストロ・アミスター』（現在は閉店）のシェフを務めていた時代である。伝説として語られる名ビストロ。その2代目シェフが大垣さんで、当時のマネージャーは『ヴァントーズ』（現在は閉店）のオーナー・豊田伸正さん。後を継いだ3代目シェフが、今や北浜の人気店『ラ・トォルトゥーガ』の萬谷浩一さんであった。

かくも錚々《そうそう》たる料理人を輩出した店で、僕

はいつも牛テールの赤ワイン煮込みを食べていた。大垣さんは2年余のフランス修業から帰ったばかり。「バリバリ現地仕様の料理を作ろうと思っていました」と当時を振り返る言葉どおり、アグレッシブで怖いもの知らずの料理人であった。まだ大阪にビストロと呼べる店がほとんどない時代に、赤いチェックのクロスや、卓上の籠にセットされるカトラリー。王道のイメージである。

料理はしっかりポーションがあるものばかり。活気に満ちた店で僕は、勢い、迫力、濃厚、無骨が詰まった料理を求めた。キャッチャーミットに大きな音を立て飛び込んでくるような献立と、まさに格闘するように食べていたことが懐かしい。

1996年、新天地を目指して大垣さんは巣立ち、約1年半、梅田『ブルディガラ』のシェフを務める。大垣さんも綺麗な料理をするのだな、というのが当時の印象だ。98年に独立し、心斎橋にワイン・ビストロ『ヴレ ドヴレ』を開いた。小さなカウンターに、テーブルが3つほどの小さな店。厨房も猛烈に狭かった。大柄の大垣さんはそこで、窮屈さに耐えながら料理を作り続けた。

料理は変わった。店名にはビストロとあるが、『アミスター』時代とは明らかに違う。「現地そのままで、という意識は変わっていきました。素材を選び、きっちりローストし、ジュをソースに仕上げ、付合せを考える。基本の仕事は変わらないんですが、そこへ時代を感じさせる要素をどう加えていくか」。自店を開くにあたって、最も重視したことであった。

移転という名の表現

彼がフランスで修業したのは80年代後半。ヌーベル・キュイジーヌが終焉を告げ、フランス料理が次なるスタイルを模索していた時代である。キュイジーヌ・モデルヌ、つまり現代的な料理が生まれようとしていた。ジョエル・ロブション、アラン・デュカスが時代の寵児として活躍の場を広げていた。料理人は「他国」や「地元」や「歴史」にモチーフを求め、試行錯誤を繰り返していた。

大垣さんは、この80年代後半のフランスに、自らの料理の根幹を得た。すなわち、ヌーベル・キュイジーヌの反動で見直された地方料理や伝統料理を源流としたのである。少しどっしり、かつ、軽さを軽視しない。旨みはきちんと残す。自店ではそんな料理を作ろうとしていた。とはいえ、小さな厨房では限界がある。

「表現する」は、英語でexpress。exは接頭辞で「外へ」、pressは「押す」。つまり、圧搾され、外部へにじみ出るものだ。その意味で、大垣さんの移転は、まさに語義どおりの「表現」である。望むとおりの料理を作るには、あまりに厨房が狭い。押し出されるように03年、新町へと移転。5年間、よく耐えたものだ。

ゆとりの料理

新町の現店舗は、広々とした厨房は当然として、カウンターに加えテーブル席、半個室も用意し、レストランの構えに。そして、再び料

理は変わる。基本は同じだが、皿から受ける印象は前店よりはるかに洗練されたものであった。

たとえば、先日食したキノコのフリカッセ。一種のシチューだ。ジロール、トランペット、ピエドムートン、天然マイタケなど5種のキノコが、マッシュルームベースのソースで煮込まれる。ソースは驚くほど軽く、またキノコへの火入れは各々の食感と旨みをぎりぎりまで残す見事なものであった。また、泡立てることでクリーミーな口あたりを演出するソースにもしっかり旨みがある。このコントラストの妙に、大垣さんの真髄を見た思いがした。

そう、現在の大垣さんの料理を何度か食べて強く感じるのは、彼の料理が「ゆとり」や「優雅」といった感情を喚起することである。

「優雅」を感じさせるには、食材に対する信頼感も必要である。つねに、現在より優れた食材はないかと自問自答する。シェフにとって豚肉はそのいい例だ。ずっと使っていた豚肉でリエットを作っていたがドリップが出る。同じレシピである。豚肉が変わったのか、自分の作り方に違いがあるのは分からない。同じ豚肉を使うシェフに聞いてみると、同じようなことを感じていたという。そこから新たな豚肉探しが始まり「いまは神奈川県の豚肉を使っています。畜産会社と直に取引しているので、屠殺した日も分かります。これからはそういったことも重要になってきます」と。この意識の持ち方が料理に現れるのだ。

現在45歳。「50歳ぐらいが転機かなと思っています。価値観の合う世代に向けて作りたいし、食べてもらいたいんです」と展望を話す。僕はこの言葉に少し驚いたが、時間が経つにつれて納得がいくようになった。シェフの来《こ》し方を振り返ると、そういう考えに帰着するのは必然ともいえる。5年ほどの周期で、著しい変化を繰り返す人なのだ。その変化にも円熟が感じられる。

「若いシェフたちがやっている低温調理や肉の焼き方も気にはなるんですが、正面から取り入れることはないでしょうね」と。自らの年齢に、シェフとして向き合う大垣さん。いい年の重ね方をしているなと思った。

（2008年12月号掲載に追加取材）

ヴレ ド ヴレ シェ ヒロ

◆大阪市西区新町1-24-8 マッセノース四ツ橋ビル1F ☎06・6535・7807 ㊖11:30 ～ 14:00㊤、18:00 ～ 22:00㊤ ㊡月曜（祝日は営業、翌日休み） ㊯地下鉄各線四ツ橋駅より ㊛2分 ㊕ベター ㋕ほぼすべて可 ㊢カウンター8席、テーブル24席※全席禁煙 ㊎ランチ1680（平日のみ）・3150円、ディナー6500円、前菜2100円～、メイン2940円～。Gワイン900円～。

（P139）
いろんなキノコのフリカッセ2310円。大きさ・切り方が異なる4種のキノコ各々に、火入れの主張が感じられる。カプチーノ仕立てのまろやかなソースがキノコの癖を包み、旨みを増幅させる。

路地、古本、音楽、そしてコーヒー
存分に長居できる至福の時間

エレファント・ファクトリー・コーヒー

辿り着くべき店

秋の夕刻。河原町蛸薬師を東に入り、細い路地を南に下がったところの店に僕はいた。マンデリンを飲みながらマスターの畑 啓人《よしと》さんと話していると、ドアがゆっくり開いた。「あっ」と声が漏れる。立っていたのは知り合いの編集者である。

「なんで門上さん、居はるんですか」と驚いた表情。「この場所が分からなくて、メールを入れたんですよ」。携帯を見ると、気付かぬうちに3通入っていた。最初は「これから店を訪ねてみる」という知らせ。次に「迷ってしまった。場所を教えて」、最後は「何とか店を見つけた」。そのメールを打った直後、ドアを開けると僕がいたのだから驚くのも無理はない。そういえば数日前、彼にこの店の面白さをあれこれと話していたのだった。偶然の出来事。しかしこれは、畑さんの目論見《もくろみ》通りの顚末なのだ。

07年9月の開店に先立ち、畑さんが空き店舗を探していたときの条件は、「ぼろぼろのビ

ル」「階上か地下」「分かりにくい立地」。確かに、河原町通から1分弱の距離なのに、初めての人にはかなり分かりにくい。

「辿り着いたときの喜びって、あると思うんです」と畑さん。雑誌でこの店の存在を知って訪れた僕も、古ぼけたビルの階段を上りながら、ここで間違いないのかと不安になった。だが、中が見通せないドアを開け、店に入った瞬間から、ふっと空気が柔らかくなったのを感じた。コーヒーを頼む前から、もう居心地がいい。

座ったのは奥のテーブル。その脇に、読んでも買ってもいい古本を重ねた棚がある。ここで驚いた。小林信彦、伊丹十三、片岡義男、植草甚一、松山 猛……。僕の本棚とほとんど同じラインナップである。メニューより、まずどの本を手に取ろうかと迷う。正直に言うとそのときは、コーヒーよりも、こんな書物を集める主に俄然興味を抱いた。

片岡義男の古い小説を懐かしく繰りながら、マンデリンを注文する。しばらくしてテーブルに届いたそれは、まずカップの口あたりがなめらかで気持ちがよい。次に温度。熱すぎず、かといって冷めてもいない見事な塩梅《あんばい》。口に含むと、「とろり」とまではいかないが舌に乗っかってくる厚みがあり、苦みが口中の隅々にまで広がってゆく。そして、後からじんわり利いてくるかすかな甘み。マンデリンは個性が強く、好みが分かれる豆だが、書物の仲立ちもあってか、一度目ですっかり気に入ってしまった。

「よいとこ」巡り

コーヒーに関しては独学の人である。前職は雑貨店のマネージャー。12～13年前にイタリアを旅して毎朝エスプレッソを飲み、コーヒーの魔力にとりつかれた。出張で全国を巡りながら、各地のコーヒー店に入る。「当時は各雑貨店のお客さんやスタッフの動きを観察することが仕事でした。だからコーヒー店に入っても、なぜこの店は続いているのか、人が入るのかを探ってしまうんです。そして、店のよいところだけを学ぶ。マイナス面を見ても得るところはありませんし」と持論を述べる。「ただ、当時東京で人気になりつつあったカフェは、自分にはしっくりきませんでした。流行のものには感情移入しづらくて」。どうやら畑さんは、長く続くものが好きなのだ。

「いわゆる」付きの喫茶店コーヒーとは一線を画する、焙煎や抽出にこだわったスペシャリティーコーヒーが、数年前から注目を集めている。若い世代の店主も増えつつある。大別すると、コーヒーをとことん突き詰めるタイプと、カジュアルに楽しむタイプがあり、互いの長所を取り入れている店も多い。まだジャンルとしての方向性が定まっていないとも言えるが、続ける中でオリジナリティーを求めていけばよいのである。店主の考えも客の感覚も、時代に応じて変化するのだから当然のことだ。

豆は自家焙煎ではない。北海道・美幌の福井敏和さんという、個人の焙煎士から取り寄せている。「京都ではなかなか好みの豆に出合わなかったんです。前の仕事で知り合ったのが福井さんで、偶然にも焙煎をするというのでお願いしました。開店前は彼の家に3日ほど泊まり込んで、焙煎具合について話し込みました」。

おばあちゃんの長居

店のどこに力点を置くか。畑さんは「雰囲気のあるマスターが淹れてくれるコーヒーがいちばんおいしいと思うんです」と話す。自分自身を含めた雰囲気を重視する。雰囲気のある店とは、畑さんの考えでは「長居のできる店」である。「30分くらいで出て行かれたら悔しいですし、不安になります」。自身は空気感の醸成とドリップに専念し、膨大な手間がかかる焙煎はプロに任せたほうがいいと判断したのだろう。

もちろん、淹れ方や利き分けなどの研究に余念はない。「最近ようやく、苦みだけでなく酸味の良さも分かってきました」。先日も博多のコーヒー店巡りをしてきたばかり。能登半島先端の店を日帰り強行軍で訪ねるなど、気になる店行脚《あんぎゃ》は今も続いている。そのベースの上にこそ成立する店なのだ。

コーヒーは旨くて当たり前。その条件を満たした上で、この店には幾つもの楽しみがある。持ち込んだ本を一人でじっくり読むもよし。棚の古本を渉猟するのもいいだろう。何も考えず、優しい音量で流れる60~70年代の音楽に耳を傾けるのも心地いい。お喋りしても、うるさく響く店ではない。ときには畑さんと、音楽や書物、またコーヒーについて四方《よも》山《やま》話をするのも愉しい。

　初訪問以来、結構なペースで訪ねているのだが、驚くのは客の年齢層の広さだ。彼の言う「雰囲気」は客層を限定しないのである。「この間、おばあちゃんが二人で見えたんです。コーヒーとタバコをゆっくり楽しんで『ごちそうさま』って帰られたときは、店やっててよかったぁ、と。『お代いりません』って言いたくなるくらい幸せでしたね」。お年寄りから学生までが同じカウンターに並び、思い思いに店を使いこなす。畑さんの思う、コーヒー店の風景なのだろう。

（２００９年２月号掲載）

エレファント・ファクトリー・コーヒー

◆京都市中京区河原町通蛸薬師東入ル備前島町309-4 HKビル2F ☎075・212・1808 (営)13:00～翌1:00 (休)木曜 (交)阪急河原町駅から(歩)7分 (P)なし (予)不可 (カ)不可 (席)カウンター8席、テーブル8席※喫煙可 (金)EFブレンド5・マンデリン各カップ600円・マグ700円。自家製ミニチーズケーキ400円。

(P143)
沸騰した湯をポットに移し、84℃に。円錐形フィルターで1人前約20gの粉を30秒ほど蒸らし、ゆっくりと抽出。カップにそっと注ぐかどうかで香りが変わるという。

客との信頼関係に最善を尽くすシェフの〝表現〟を食す

イル・チプレッソ

撲滅、カルパッチョ

「庖丁一本で、和食の人は凄い仕事をする。自分でも、生の魚切ってドレッシングかけたらイタリア料理らしくはなるけど、魚そのものを味わうんやったら造りのほうが旨いやん」。

以来、オーナーシェフの高島朋樹さんは、店の人気メニューであったカルパッチョをきっぱりとやめた。

仲のいい料理人たちと海に出かけ、そこで漁師にもらった魚を捌いたときに思ったことだという。一人の和の料理人が、魚をあっという間におろし、刺身にした。「どれくらいの厚さに切ったら旨いか、彼らは触っただけで分かるんです。僕が真似ようとしても無理。何でもできるんは天才だけ」。

様々な経験を通して、高島さんは 餅は餅屋の考え方を深めてきたようだ。「生ハムを作ろうと試したこともありましたが、何度か失敗してやめました。片手間でできる仕事と違うんです」。シェフの仕事は料理を作ること。ハムやベーコン、パンのように「やればそれなり

にできるけど、専門家には敵《かな》わない」ことは別の職域と割り切る。店のメニューにはピッツァすら載っていない。これもまた専門職と考えるのだ。

パスタ屋の真意

開店は01年。僕はどちらかというと、大和豚などを塊で供するダイナミックなメイン料理に魅せられていた。ところが「当時は、自分の店をパスタ屋だと位置づけてました」と高島さん。この台詞に、僕は少々驚いた。無論、パスタは生も乾麺も美味ではあったが。「イタリアンって、メインにはあんまり手をかけないんです。ところが同じ素材でもフレンチのメインを食べると、あっ、彼らはこんなことまでするのか、と思ってしまう。正直、向こうのほうが旨いかもしれん」。でもね、と高島さん。「パスタはもう20年以上やってる。これは絶対に負けんのです」。納得である。

もちろんイタリアンのメインには、ならではの価値と旨さがある。しかし、専門料理店として勝負するなら、いわば〝餅屋の料理〟が作れなければ話にならないと考えた。その料理がパスタだったのである。といって、それを前面に押し出すことはない。シェフとしての心構えの問題だ。

当時はオープンキッチンで、パスタを茹で、調理する工程がカウンターからよく見えた。そのライブ感も楽しみの一つであったが、06年に店内を改装。カウンター席が廃され、厨房は見えなくなった。フロアを仕切るのはマダムの由香さんである。

「食べてる姿を見ながら作りたいのは山々なんですが、そっちは彼女を信頼して任せ、僕は調理に専念しようと決めたんです」。テーブル席のみになってから何度か食事をしたが、カウンターが懐かしいとは不思議なほど感じない。むしろ、落ち着いた雰囲気で食事できる環境が整ったのが嬉しい。トイレは1階から2階に移された。男性・女性用が分けられ、後者にはパウダールームも併設。料理はもちろん、店で過ごす時間を快適にと考えた結果である。年月の経過が、店に成長をもたらしたのだ。

　僕は長らく、高島さんのことを素材偏重派の料理人だと思っていた。というのは、仲間の料理人と頻繁に生産地を訪ね歩く人であり、岩手の白金豚や短角牛、和歌山『宮楠《みやぐす》農園』の野菜など、彼を通じて新たな素材を知ることが多かったからだ。ところが「あんまり仰山《ぎょうさん》の生産者と付き合いはしてませんよ」とシェフ。

餅屋の矜持

「確かに、知り合いから野菜を送ってもらったり、現地に行って食べることもある。そのとき『これって宮楠さんとこのより旨い』と思うこともあります。だからって、すぐそっちを買うのではなく、宮楠さんに『こんなん食べたけど、できへんか』って言うんです」。生産者と料理人。商売が絡む関係ではあるが「もう友達みたいなもんだから、ズバッと言える。信頼関係ができてるんです」。初めて訪れる畑では「必ず生で食べてみます。生産者さんは店に呼んで、調理したものを食べてもらいます」。そうして、良いも悪いも率直に言い合える、息の長い関係を築くのだろう。

新たな食材をレギュラーとして取り入れるにあたっては、かなり慎重である。少なくともスポットでワンシーズン使って、翌年も手が伸びるかどうかで判断するのだ。そして「畑で生で食べればとびきり旨いのに、火入れした途端、その旨さや甘さが消えることがあります。よく宮楠さんにも文句言うんですよ。カルパッチョ撲滅運動の話とも絡むんだけど、いまはあまりにも、生そのままがいいように言われてる。だけど僕らコックは、火を入れて旨くするのが仕事だから」。これは、食べる側も陥りやすい感覚である。生でおいしいものを食べて、おいしいと感激する。当然のことだ。しかし料理人は、それを切り、火を通し、味を加え、何かと組み合わせることによって食材を生かし切ることが仕事であり、存在意義でもあるのだ。そして、イタリア料理の流儀で作ったものが、他の国の調理法よりおいしくなければ意味がない。そこまで考える人である。

カウンターメインの「パスタ屋」を経て、改装後の店には料理店としての風格が漂う。アラカルトのみで、注文によってはコース料理のように緩急をつける。それにふさわしい空間でもある。だが何より、この店の在り方を実現させたのは、食べる側とシェフとの信頼関係ではないだろうか。「料理は、これまで得てきたものの表現。年齢と経験を重ねるほど、悩みも多くなります」と話す表情が印象的であった。

一人の料理人の表現を食べる。素材や味も大切だが、双方が心から満足するためには信頼関係が不可欠だ。それを築くためにシェフが最善を尽くしているのだと思えば、クローズドのキッチンも、人気メニューの廃止も頷ける。高島シェフにとっての料理は孤独な作業であるが、僕たちは料理に込められたシェフの思いを感じ、温かな気持ちに浸れる。嬉しいことだ。


（2009年3月号掲載）

イル・チプレッソ

◆大阪市北区菅原町10-32 ウエムラ西天満ビル1F ☎06・6363・2772 営18:00～23:00L.O.（祝日は21:00L.O.）休日曜 交地下鉄各線南森町駅・JR東西線大阪天満宮駅から歩7分 Pなし 予ベター カほぼすべて可 席テーブル26席※全席禁煙 金料理はアラカルトのみ。前菜・パスタ各1500円前後、メイン2600～4000円前後。Gワイン600円、Bワイン4000円～。

（P149）

上／シャラン鴨胸肉のツナ風 いろいろな野菜のアグロドルチェ風味3500円。下左／ピチ そら豆とセミドライトマト オイル漬けしたプロシュットとペコリーノサラチーノ1500円。もっちりとした歯ごたえの麺を食べ終えても、塩の利いたハムや空豆をアテにワインが進む。

毎年480種も作る
ハム・ソーセージの職人《プロ》

メッゲライクスダ

"変なモン"の店

「ブーダン・ノワール、アンドゥイエット、フロマージュ・ド・テット。このあたりはまったく出ませんでしたね。『なんか変なモン売ってる』と噂されてたようです」

いまや一年に480種類ものハム・ソーセージを作る店主・楠田裕彦さんが、04年の開店当時を語ってくれた。ブーダン・ノワールは豚の血のソーセージ。アンドゥイエットは豚の直腸に大腸を詰めたソーセージ。フロマージュ・ド・テットは豚顔肉のゼリー寄せ。もちろん一

般的なベーコンやソーセージ、ハムは日々の食卓にも並ぶ。しかし、先の3種のような個性派を日常的に食べている人は、そう多くないはずである。

　楠田さんの父親もハム作りの職人。神戸にある小さなハム工場に勤めていた。子どもの頃から父親の働く姿を間近に見、また職人たちの姿も何となく頭に刻み込んでいた。そして、楠田少年10歳のときに父が工場を移り、一家で鹿児島へ。ハムに糸を巻いたりする手伝いが楽しく、ちょくちょく工場へ出入りするようになる。

「自分も」の思いが決定的になったのは、父の机に置かれていた、ドイツの豚肉加工についての専門書を見た16歳のとき。ページをめくるたび未知の世界に魅せられ、ドイツに行ってハム作りを学びたいという気持ちが沸々と湧いてきた。高校卒業後、神戸のイタリア料理店で働き、震災後はドイツ料理店で1年修業。22歳のとき、つてを頼って念願のドイツに渡り、工房や農家で伝統的な肉加工品の製法を3年間学ぶ。その後、フランスで1年働いて帰国した。

　海外修業は刺激の連続だったと楠田さん。「一頭丸ごとの加工なんて初めての経験でした。日本では直に血や内臓に触れることが少ないから、圧倒されましたね。そして、向こうでの生活で、豚肉が人々にとってどれだけ大きなものであるかも学びました」。ヨーロッパは豚食の歴史が長く、豊かな食文化を誇る。暮らしと密接に結びついた、欠くべからざる食材なのである。

エプロン客の大切さ

帰国後、父親の工場に工場長として4年勤め、ついに神戸・六甲道に店を開く。関西は、日本でも牛肉信仰の厚い土地柄。生地とはいえ、いきなりハムとソーセージの専門店を開くには勇気が要ったはずだ。

「神戸には、おいしいパン屋さんがたくさんある。洋食や菓子など洋のものを受け入れる素地があるから、ハムもいけると思ったんです」。だが、スタートは閑古鳥。食べ慣れない人は豚の頭や内臓、血と聞いて後ずさりするし、何より、ハムやソーセージを毎日の買物に組み込む習慣がなかった。めげることはなかったかと聞くと、「ホントに好きなんでしょうね、職人仕事が」と返ってきた。「それに、お客さんはいつか分かってくれると信じていました」。

店を始めたとき、特に苦労したのは豚の血。「それまで神戸で豚を買っていたのは、ほとんどが中華の料理人さん。そこへ割って入るわけですから、初めは少量しか回してもらえません。でも、じきに分かってもらえた。何とかなるもんです」。朴訥《ぼくとつ》に語る、いまどき珍しい職人肌。その熱意は、少しずつでも周囲に伝わってゆくものだ。

この店の存在を、僕は何人かのシェフから教えてもらった。みな口々に楠田さんのハムの旨さを語る。しかし、いくらプロの評判が良くても、一般の客が増えなくては立ちゆかない。「もちろん、店で使ってもらえるのはありがたいし、料理人さんに教えられることも多い。でも、やっぱり普通のお客さんに買って

もらうことが大切だと思っています。エプロン姿のご近所さんが財布を手に『ジャンボン1枚』って買いに来てくれる。それが僕にとって理想的な店なんです」。と笑顔で話す楠田さん。商品にかける情熱と、普通の人に食べてほしいという思い。その二つが、うまくかみ合いつつある。プロの評価も加わり、店を支持する人の輪が次第に広がってゆく。その中で楠田さんは、ハム1枚から購入可能というヨーロピアンなスタイルを粛々と守る。

シャルキュトリーへの想い

とある折に店を訪ねた僕は、クロワッサンサンドを食べた。クロワッサンの脂分と、挟まれたハムの旨みとの融合。もう笑うしかないような味わいであった。そのサンドの横に並べてあった惣菜が気になって尋ねてみると、じつはこれが、次のステージへの布石だった。「加工品の作り方は主にドイツで学んだのですが、フランスで印象的だったのが〝シャルキュトリー〟の存在でした」。シャルキュトリー、つまり、豚肉加工品がメインの、街の惣菜店だ。かつて日本の界隈に一軒ずつ豆腐屋があったように、パリにはブランジュリーとシャルキュトリーが存在しない街はない。

そして09年、楠田さんの思いを叶えるシャルキュトリーが芦屋に誕生した。燻製庫も充実を図り、製造量も増えた。同時に調理室ができたお陰でシャルキュトリーの数が一気に膨らんだ。おまけにまだ席数は少ないが、店内で食することも可能となった。日本、とりわけ関西の路面店としてはほとんどなかった、ハム・ソーセージの店を軌道に乗せた彼は、次のステップを確実に進んでいく。職人気質でありながら、新たなチャレンジを続ける楠田さんの気概に僕は強く惹かれている。

（2009年4月号掲載に追加取材）

メツゲライ　クスダ

◆神戸市灘区高徳町2-1-1 ☎078·857·5333 ㊖10:00 ～ 19:00 ㊡水曜、第3火曜 ㊯JR神戸線六甲道駅から㊕10分 Ⓟなし ㊮取り置き可 ㋕不可 ㊎ベーコン100g 525円、コッパ100g1575円。

（芦屋店）
◆芦屋市宮塚町12-19 ☎0797·35·8001 ㊖10:00～19:00 ㊡水曜、第3火曜 ㊯JR神戸線芦屋駅㊕10分 Ⓟなし ㊮取り置き可 ㋕不可 ㊢10席 ㊎ホットドッグ700円（イートイン 850円）。

（P157）
下右／金額は全て100gあたり。香川産の麦豚を使う定番ハム、ジャンボンブラン525円。下左／手前から、ソーセージとジャガイモのチーズグラタン367円。奥はザウワークラウト260円。

決まり事にとらわれない
白焼きに込められた流儀を食す

祇園 浜松屋

白焼きは未完成

関西風の鰻が好きだ。腹から裂き、頭を付けたまま焼く。しかし、焼きたてに限る。時間の経過で旨さが減少する速度は、蒸しをかけた関東風より早いと感じる。

いつの頃からか、関西でも関東風の鰻を供する店が圧倒的に多くなってしまった。今や数少ない関西風を出す店の中で、僕はこの店に強く惹かれる。数年前に「白焼き」を食べて以来のことだ。

一般に白焼きは、タレを濃く塗って蒲焼きに仕上げる前の状態。ワサビ醤油で食べると旨い。そんな認識でいた。ところがである。店主・奥本品麻《てるお》さんの考え方は全く違っていた。「蒲焼きの前段階の白焼きは、カウンターから外へ出せないもの。本来、お客さんの前にお出しするものやないんです。未完成品ですから」。ここまではっきり話す人も珍しい。他店の白焼きがどうこうと、こき下ろしているのではない。こと白焼きに関しては「こうでなくては完成品と呼べない」という奥本さんの思いが厳然としてあるということだ。

カウンターに置かれた白焼き。長々と横たわる、その姿がまず麗しい。塩か、ウズラ卵を溶いたつゆで食べるようすすめられるが、ひと口めは何もつけずに含んでみる。歯が皮目に当たり、カリッという食感と同時に香ばしさが弾《はじ》ける。すでにここで、これまで食した白焼きとは違う食べ物だという直感がよぎる。噛むと今度は、ふんわり焼けた身が甘い液体をじんわり供するのが感じられ、気がつくと身も皮も一緒に溶けてなくなっていた。塩をつけると甘みがさらに増し、つゆでは旨みがまろやかに。カリッとした皮目は紛《まご》う方なき関西風だが、身の感覚は東西どちらとも言い難い。香りと甘みがミックスされた旨さは、脳を一気に覚醒させるインパクトがあった。

空中殺法、水洗い殺法

なぜ、このような食感と旨みを生み出すことが可能なのか。鰻の質はもちろんのこととして、ポイントは焼きの工程にある。

一つは、串の打ち方だ。捌いた鰻を開き、まず細い串を3本ほど打って炭火にかける。焼き色が付いてきたあたりで、その鰻を持ち上げ、宙に浮かせたまま扇形に細かく串を打ってゆく。不安定な状態で、わずかな厚みの身に金串を通す手業《てわざ》。初めて見る人は目が釘づけになるはずだ。

扇に串を打つのは、片手で素早く鰻を返せるから。では、なぜ最初に全部打ってから焼かないのか。「焼きもって打つほうが、火にかけるまでの時間を短縮できるでしょ。焼け方や身の縮み方が綺麗でおいしく見えるし」。合理的な演出、と言えばいいのだろうか。奥本さんならではの工夫である。

もう一つのポイントは、見る人をさらに驚かせる。焼いている途中の鰻を何度か取りあげ、ジャバジャバと水をかけてしまうのだ。「鰻の身は薄いので、焼き続けると干からびてしまいます。そこへ水分を補うことで、しっとりと焼きあがります」。理詰めではにわかに納得しづらいのだが、あのふんわりとした食感を、この水洗いが生み出していることは間違いない。もちろん、水くささなど微塵《みじん》もない。「皮と身の間の〝悪い脂〟を焼きと洗いで落として、旨みのある〝いい脂〟だけを引き出す。その脂で皮を揚げるような感覚で焼くんです」。

こんな技法を思いつくことができたのは、なぜか。尋ねてみると、「それは、私が鰻屋で修業をしていないからでしょう」。

昭和44年、27歳のときに現在の場所で鰻屋を始めた。当初は職人を置き、経営者として厨房を眺めていたという。それまでの奥本さ

んは、布団屋に勤め、若くして独立。インテリア・家具を扱う商売人だった。加えて、京都に数軒の飲食店を持っていたが、最終的には『浜松屋』一軒だけを残し、自ら鰻を焼くことになった。「そのときから、白焼きは蒲焼きの前段階ではなく別ものだ、白焼きには白焼きの方法論があるはずだと考え抜いたんです。教えてもらわずに、自分で考えたからよかったんでしょう」。

従前の手法を疑うことは難しい。まして白焼きは、関東風の技法が確立された料理である。そこを脱却し、自分の流儀を作り上げた強い意志には頭が下がる。

味に出ない漢方薬

カリッとした表面と、ふんわりとした身の秘密は、ともかくも解けた。もちろん、このメソッドだけで旨い白焼きができるはずもないことは、火加減に細心の注意を払いながらじっくりと焼いていく奥本さんの姿を見ていれば伝わってくる。「鰻を摑んだときから料理は始まっています。同じ産地でも個体差が大きいから、どう焼くべきか一瞬で判断しなくては。〞焼き一生〟といわれる鰻の難しさは、そのあたりにあるのかもしれませんね」。

注文が入ってから捌き、焼く。客は30分くらい待つことになる。開店当初は友人たちから「商売にならない。作り置いたほうがいい」とさんざん言われたそうだが、「一人くらい頑固もんがいてもいいだろう」とスタイルを変えなかった。ぜひ一度、この白焼きを口にしてほしい。僕の驚きと感激を理解してもらえるはずだ。

心を揺さぶられた白焼きについて多く文字を割いてしまったが、蒲焼きも捨てがたい。焼きの技術は先に述べたとおり。そして、つけるタレが他店とは一線を画している。きちっと味は付いているが、濃い・くどいという印象が全くないのだ。店内に貼られたタレの説明書きには「漢方薬入り」とある。だが、薬っぽい匂いや味わいはない。「香りが出るほど加えると蒲焼き全体の味が変わるので、感じない程度にしています」。鰻のエキス、つまり奥本さんの言う〝いい脂〟だけを残しながらタレをつぎ足し、微量の漢方薬で調整し続けているのであろう。味には出ない、しかし客の身体を慮《おもんぱか》っての独創。こんなことをしている鰻屋もまた、知る限りほかにはない。

関東・関西の決まり事にとらわれないこの店独自の手法は、何事も従来の常識を検証することから始める奥本さんの気質から生まれたものばかり。まるで頑固な研究者のようだが、そんな鰻屋が一軒ぐらいあってもいい。いや、なければ困る。

（2009年5月号掲載）

祇園　浜松屋

◆京都市東山区四条通縄手上ル一筋目東入ル ☎075・561・6841 ㊮18:00～24:00㊤ ㊡日曜、祝日 ㊯京阪本線祇園四条駅から㊸5分 Ⓟなし ㊰ベター ㋕ほぼすべて可 ㊢カウンター8席、小上がり8席※テーブルのみ喫煙可 ㊎うな重セット特上3990円（だし巻き・吸物付き）、うなぎ造り1890円（2人前～）、うなぎ雑炊1890円。日本酒1合840円。

（P163）
上／うなぎ白焼き特上3465円。表面の薄い層をサクッと噛み割れば、きめ細かな身が溶けるようにほぐれ、その食感を惜しむ間もなく消える。余分な脂は一切感じないが、余韻が長く響く。下／開店時から変わらない味の、だし巻き735円。

オオサカの〝街のフレンチ〟は
ホテルで学んだ贅沢が源

ルール・ブルー

豚と僕と、この店

関西で肉といえば牛肉である。神戸や近江、松阪という有名産地を擁し、牛肉文化は僕たちの食生活に深く根付いている。その流れは、フランス料理の世界でも同じであった。本国では牛より仔羊が人気。しかし日本、とりわけ関西では、牛肉が圧倒的に優位だった。20年近く前、有名フランス料理店のシェフが「メインは牛フィレとオマール。でないと関西では受けないんです」と嘆息混じりに語っていたのを思い出す。

だが、この10年で事情は少し変わった。仔羊をオーダーする人も増えたが、それ以上に日本独自の現象として、豚肉の地位が上昇してきたと感じるのだ。「豚はビストロやシャルキュトリー（ハムなど豚肉加工品を中心とする惣菜店）のもの」という認識が、かつては一般的だった。いまでもフランスでは、豚料理がメインに並ぶレストランは珍しい。ところが僕は、豚肉が非常に好きなのである。脂分の甘さがいい。ことに最近は、綺麗な脂を持つ豚が増えた。

「フレンチで豚」の魅力を教えてくれたのは、大阪・福島の『大西亭』。伊賀豚の背肉のローストである。僕はこのスペシャリテを食したときに「豚はフランス料理のメインになり得る」との意を強くした。その思いを確固たるものにしたのが、ここ『ルール・ブルー』南條秀明シェフの得意料理・越後もち豚ロースの炭火焼きであった。

たっぷり添えられた季節の野菜が、肉と同じくらいに存在を主張する、実に現代的な料理だ。炭火でじっくり火を入れるので、余分な脂は落ちる。残った脂は申し分なく綺麗で、豊かな旨みを湛《たた》えている。ナイフを入れ、その塊を口に含んだときの感動はいまなお新鮮で、03年の開店以来、訪れると必ずオーダーしてしまう。つい先日もカウンターに座り、豚を注文した。マダムの明江さんは、またかと笑いをこらえながら「かしこまりました」と応じてくれた。

この日食べた、香川産の極太アスパラガスの炭火焼きも素晴らしかった。「フランス産と比べると、繊維が柔らかく、苦みが少ないんです」。そのアスパラガスの特色を生かすために、合わせる素材を考える。季節は春たけなわ。南條さんは、筍のみじん切りをアサリのジュで火入れし、ぼってりとしたソースを作りあげた。筍とアサリ、各々のほろ苦さと甘みが重層を成し、アスパラガスの旨みを強調する。「向こうのアスパラにはトリュフが合うでしょう。でも日本のものだと、トリュフでは強すぎるかもしれません。考えるうちに筍が浮かんだんです」。

僕の中には「南條さんのアスパラガスをまた食べること」という自分あてのメモが、確実にインプットされた。主となる素材は同じでも、季節ごと、訪ねるごとに、合わせるものが変わる。その変化を愉しむのもレストランとの付き合い方だ。その喜びが大きいほど、僕は店を恋しく思う。

知っているから、混ぜる

アスパラガスの手法は、南條さんならではの智恵だ。智恵をはたらかせるには、そのベースとなる経験が不可欠である。

彼の料理人人生は、ホテルニューオータニ大阪のレストラン『Ｓａｋｕｒａ』の開業当初から始まる。80年代後半、世にバブルの風が吹き荒れていた頃である。「ホテルのレストランですし、材料の使い方は本当に贅沢。無駄が出ても気にしない空気がありましたね。すべてがフランス料理の教科書通り。フォンもソースもレシピに忠実。徹底的に基本を学べ

ました」と述懐する。
しかし、将来自店を持つとなれば、そんな王道の調理法ばかりを踏襲してもいられない。柔軟で臨機応変な料理が求められる街場のレストランで修業することも大切だと考えた。そこで飛び込んだのが、南船場の『エプバンタイユ』。オーナーシェフの山田精三さんはリーガロイヤルホテルを経て個店に転じ、成功を収めた料理人である。
ホテルと街の料理店。大きな違いは、食材の使い方である。例えば、オマールエビのソース。ホテルなら、オマールだけを潰してソースを作る。濃厚で旨み豊かなソースができるが、当然高額になり、街の料理店の価格帯に収めることは不可能に近い。ではどうするか。「フュメ・ド・ポワソンで旨みを足します」と南條さん。厳密に言えば、混ぜものである。しかし、単にかさ上げを図るそれとは一線を画する。南條さんの舌には、オマールだけで作ったソースの味わいがしっかり残っている。だから、どんなフュメを足せばその味に近づくかが分かる。アスパラガスの料理も同様。フランス産の味を知っているから、個性が異なる香川産に何を合わせるか、多角的に考えることができる。本物を知るからこそ。彼の料理を食べて、いつも思うことだ。

マダムの実家である熊本から週2回送られてくる朝市野菜のバターソテーも、件のもち豚も、メニュー名は同じでも、時季によって付合せやあしらいは大きく変わる。その変化を愉しみ、いつも高いレベルの感銘を受ける。シェフの智恵の賜物であり、店が進化を続けている証《あかし》でもある。

無駄のない、人と料理

ホテルから街場へ、そこから再びホテル阪急インターナショナルの開業スタッフを経て、もう一度『エプバンタイユ』で働き、独立を果たしたのが03年3月。カウンターとテーブル2卓。アラカルトのみで多くのフランス料理ファンを唸らせてきた。

もっと大きなスペースでレストランを開く

夢は？　と問えば、「少し席数を減らして、コース主体にしようかと考えています」と予想外の答え。「ある割烹で、みんなが同じ料理を食べて愉しんでいる光景を見て、これもいいなと思ったんです」。現在42歳。年齢とともに、志向する料理店像が変わりつつあるのかもしれない。直球勝負のメニューだけでなく、先のアスパラガスのように、フレンチの技法を生かしつつ、南條さんの経験と智恵を詰め込んだ料理へと移行しつつあるのかと、僕には感じられた。

経験を無駄にしない人である。他ジャンルの料理人とも頻繁に交流し、さらにネットワークを広げつつある。その蓄積が導く、店と料理の行方を追い続けるのもいい。あの〝豚〟だけは、いつまでもメニューに残してほしいけれど。

（２００９年６月号掲載）

ルール・ブルー

◆大阪市西区江戸堀1-19-2 ラインビルド1F ☎06・6445・3233 ㊔18:00～22:00㊤ ㊡日曜 ㊦地下鉄四つ橋線肥後橋駅から㊥3分 Ⓟなし ㊠ベター ㋕ほぼすべて可 ㊢カウンター10席、テーブル6席※全席禁煙 ㊎鴨のフォアグラのテリーヌ1890円、和歌山産ヒラメのバターソテー3150円。Gワイン1100円～、Bワイン4000円～。

(P169)
上／越後もち豚ロース炭火焼き 粒マスタードソース3700円。マデラ酒が利いたソースと、果汁の如き脂の旨みが混ざり合い、身悶えしそうに。下／香川産極太アスパラガスの炭火焼き 熊本産筍のフォンデュとアサリのソース2310円。

懐深さを支えるのは
名店仕込みの〝お客様目線〟

懐石料理 三木

満席は嬉しいけれど

京都・祇園に『祇園 にしむら』という割烹がある。主の西村元秀さんは、京都では珍しい『東京吉兆』出身の料理人。やんちゃな気質で、料理には常に変化を求めてきたが、年齢を重ね、次第にしみじみ旨い料理を作るようになった。そんな人である。ある日、その西村さんが「後輩が神戸に店を出しました。一度覗いてください」と連絡をくれた。三宮近くの割烹『みやびや』。当時の料理長が三木 修さんであった。

料理に厳しい西村さんの薦め。僕はすぐに出かけた。結果は言うまでもない。『吉兆』で覚えた仕事をすべて投入するかのような、迫力に満ちた料理であった。「いま思えばイケイケでしたね」と三木さんは当時の気分を語る。この店に3年間勤め、トアロード沿いに自店『懐石料理 三木』を開いたのが04年である。

開店当時から満席続きのまま今日に至る。
「こんなことを言うのは罰当たりですが……」

初夏の
かお

と前置きをして、三木さんは語る。「店が暇だと、これをやろう、あれを試そうと攻めることばかり考えるタイプなんです。忙しいのはありがたいことですが、受け身になって、どうしても守りの姿勢に入ってしまう。いかんなあと思います」。

『みやびや』当時の三木さんは、まだ無名の存在。雇われの料理長だから、実績を作ろうと必死で献立を考える。だが『三木』では最初から顧客が付いていた。つまり、独立してからは挫折を経験していないのだ。人は、年を重ねるとともに変化し進化するタイプと、退化やマンネリを呼び込むタイプに分かれる。三木さんの口から「守りの姿勢」という言葉が出て、僕は実のところ安心した。この店に頻繁に通い詰めているわけではない。ただ、数年おきに訪ねているからだろうか、彼の料理の変化が、その都度はっきりと分かる。

オーナーとしての風格も年々増している。カウンター和食店の基本は、庖丁を握る大将が客の前を離れないことだ。絶えず客に目を配り、言葉を交わす。一方で、スタッフを的確に動かし、育て、チームプレイができる体制を作り上げなくてはならない。彼はそれらを、過不足なく成立させている。リーダーとしての役割を十二分に果たしていると僕は思う。

仕事ぶりには安定感がある。カウンターの内側には適度の緊張感が漂い、客席にはリラックスした空気が流れる。それでも三木さんは、いまを「守りの姿勢かも」と感じている。いや、感じることができる。それはきっと、『みやびや』時代をあまりにも全力で走り抜けてきたからに違いない。

懐石の選択肢

たとえば、締めのご飯だ。開店当初は3種類のご飯を用意した。それを5種類に増やして3年が経つ。初夏の頃なら、もずく雑炊、鱧の親子丼、季節野菜のちらし寿司、鯛茶漬け、稲庭うどんという具合だ。

懐石を名乗り、料理はコースのみ。客側には値段の選択肢しかないように見える。自らコースを組み立てる、という気分からは遠いジャンルだろう。「それが、締めのご飯を選んでもらうだけで、お客さんとともにコースを組み立てるという雰囲気になります。一緒に考えましょうということです」。和食において、ご飯の存在は大きい。また、締めのご飯に特徴を持たせるのが近年の流れでもある。そこに5つの選択権を用意する。割烹ならいざ知らず、懐石を名乗る店では冒険とも言える。その冒険をためらいなく実行に移すのは、「食べる側から見た店」を三木さんが強く意識しているからだ。

「私の師匠、『吉兆』時代の倉橋料理長が半端な人ではなくて、常にお客さん重視でした。後にも先にも、あんなに働く人には出会ったことがありません」。そんな超人のもとで修業すれば、当然多くを学べるが、師匠を超えられないコンプレックスに悩まされることもあるだろう。特に、自分がオーナーになったとき、師の大きさや料理の怖さが、実感を伴って迫ってくるはずだ。だからこそ、無我夢中で走り続けた料理長時代に比して「守り」だと感じるのかもしれない。現状維持は衰退だ、という危機意識が強いのだろう。「意識的に変えてゆかなければ」と呟《つぶや》く表情が印象に残った。

「守り」の逆説

店を変えてゆく立役者は、もちろん料理である。八寸の彩り。その一つひとつの料理に凝らされた演出の妙。生のホタルイカの石焼き、筍と伊勢エビの料理など、晩春に食した献立は、その前の訪問時とはずいぶん違っていた。よりアグレッシブになり、コースとしてのメリハリも際立っている。一方で、タチウオのあんかけのようにほっこりした味わいを挟むことも忘れない。

そして、変革には体力も必要だ。「身体には自信があります。毎日、ストレッチや腹筋でメンテナンスしてますから、立ちっぱなしでも腰痛になりません」。強い身体が前進に必要なエネルギーを生み出し、自分を律する姿勢が、日々の仕事に倦《う》みそうな気分を吹き飛ばしてくれる。

力のある料理を味わい、三木さんのキビキビとした立ち居振る舞いを眺めていると、自《おの》ずと自身の気力体力の衰えを省み、奮起しようという思いが湧いてくる。懐石料亭が安らぎと文化の深みを感じさせてくれる場所だとすれば、割烹は元気を与えてくれるところだと僕は考える。懐石の看板を掲げながらも、メインはカウンター。料理も店主も溌剌《はつらつ》。折目正しい懐石料理を供しながらも、この店は紛れもなく、元気を手渡してくれる料理店なのである。

　店内は改装していないはずだが、三木さんが、料理が、構えを大きく感じさせる。店の懐は年々深くなり、余裕も生まれる。カウンターの外から眺める限り、それは優雅な様子に映るのだが、内側にいる三木さんは「守り」と感じる。だからこそ僕は、三木さんが守りだ受け身だと言い続ける限り、彼の進歩と成長は止まらないと信じている。そして、いずれは移転して次のステージを目指すのも自然な流れだと思う。それがいつなのか、気になる。そして、楽しみである。


（2009年7月号掲載）

懐石料理　三木

◆神戸市中央区中山手通3-7-29揚ビル1F ☎078·321·0818 (営)11:30～14:00(止)、17:00～20:30(止) (休)月曜、第2日曜 (交)各線元町駅から(歩)12分 (P)なし (予)必要 (カ)ほぼすべて可 (席)カウンター8席、座敷4席※全席禁煙 (金)昼は茶壺弁当2620円、懐石3990·5250円。夜は懐石5250·8400円。日本酒G 470円～。

(P173)

5250円の懐石コースから。八寸「初夏のかおり」は炙り·フライ·粽（ちまき）と多彩な鱧を柱に、鳴門の灰ワカメ、ほおずきトマトのシャーベットなど、涼感と豊かな色彩を盛り込む。

「おいしく安く」を絵に描いた
街のこだわり中華

華《か》祥《しょう》

百万遍にこの人あり

京都・百万遍交差点の北西角から北に数十歩。「こだわりの冷麺・中華そば」という看板が目に入る。見上げると、新しいとは言えないビルの2階にかつて『華祥』はあった。

店に入れば、L字の小さなカウンターと2人掛けテーブルが2卓。15人も入れば満員、どこからどう見ても、街の中華屋然とした風情。しかし、この店を目がけて様々な層の客が連日押し寄せる。ふらりと訪れても、席を確保するのが難しいほどだった。

そんな『華祥』が11年に移転した。少し北の田中里の前町北東角3階建てのビルだ。店主は田口茂雄さん。御年62歳。還暦を過ぎたがまだ元気である。

僕が初めて店を訪ねたのは、確か5年前。冷麺と、豚肉の料理を食べた記憶がある。簡潔で鋭く、豪快にして繊細。豚肉への火入れ、味の含ませ方、麺の茹で具合、タレの酸味と旨みのバランスなど驚くばかり。店構えから受ける印象とはまるで違う料理であった。盛付けが豪華とか、驚きを与えるというタイプの皿ではなく、むしろ地味。だが、間違いなく旨い料理を提供する、という気概と技を感じたのだ。

値段は極めてリーズナブルである。当時は1000円を超す菜単さえなかった。日常的な価格で、非日常的な旨さ。寡黙な田口さんの無駄のない動き、鍋振りのスピード。サポートする奥さん・弥生さんのたおやかな笑顔も素晴らしかった。

一昨年春のこと。一通の案内状が届いた。「田口茂雄氏 受賞祝賀会」。京都府優秀技能者表彰（京都府の現代の名工）と厚生労働大臣表彰のダブル受賞の祝賀会であった。（田口さんは今年、「中国大使賞」も受賞。）この会に出席して、僕は田口さんの華麗な経歴を改めて知ることになる。

1949年1月1日、岩手県生まれ。高校卒業後に上京し、『東京大飯店』や『四川飯店』で中国料理の基礎を学ぶ。その後、同じく東京・三田の『華都飯店』が74年に梅田の阪神百貨店に出店するときに、縁あって24歳の若さで料理長となり、5年ほど務めた。お次は京都。『華都飯店』がホリデイ・イン内に店を開くことになり、開店から21年もの間、やはり料理長を務める。そして、『華祥』を開いたのが9年前だ。

祝賀会に集まった人たちは、京阪神の中国料理界の重鎮から現役料理長まで。その中には田口さんの弟子が幾人も顔を並べている。列席の人々から得た当時の田口さん像を集約すると、「相当に厳しい」上司であったことが容易に想像できた。いずれ名のある料理人であろうと薄々感じてはいたが、そんな人が街の飲食ビルの2階で小さな店を営んでいることがうれしくなり、一方で、これほど要職を経てきた人だとは、と少々襟を正してお祝いを述べたものだ。

のんびりできない人

「いやぁ、若かったからです」。『華祥』開店の経緯を田口さんに聞くと、小声で恥ずかしそうに。「ホリデイ・インのときのお客さんにさえ、ほとんどお知らせもしていないんです」。誰かと話しているときに、田口さんがいた頃のホリデイ・イン『華都飯店』のことが話題に上ると「あそこの中華はおいしかった」とい

う評判が圧倒的である。彼が定期的に催していた「美食会」のメンバーも200名近くいたという。そんな人たちに知らせることもなく店を開いた背景には「家内と二人で、のんびり中華そばでも出したい。気楽になりたい」という思いがあったのだと言う。25歳から30年近く、多くの料理人を鍛え、使いこなしてきた。料理長の責務と重圧から解放されたかったという気持ちは痛いほど分かる。

その念願かなって店を開いたが、思惑通りにはいかなかった。客が来なかったからではない。「カウンターの仕事にはまってしまったんですね。それまでは、ずっと厨房にこもって料理を作っていました。挨拶に出るとき以外、お客さんと直に話すことはなかった。カウンター越しに会話ができると、気持ちが通じ合うように感じるんです」。そして、「のんびり」などどこへやら、田口さんのプロ魂が再びメラメラと燃え上がり始めたのである。

　京都大学のすぐそばでもあり、当初は学生相手の中華そば屋がコンセプト。だが、先生にも噂が伝わり、次第に大人の客が増えてくる。「ありもので作ったんですが」と、ときおり供する一品が支持を集め、レギュラーメニューに加わることもしばしば。食いしん坊たちの間に「あの店は旨い」との情報が徐々に広がり、それに呼応するように品数も増えていった。「やはり、もともとは料理が専門。麺以上に力を入れたくなってしまうんですね」。料理の力が人を呼ぶという現象を目《ま》のあたりにしながら、僕はこの店の変遷を眺め、楽しみ、喜んでいた。

新たなステージでの勝負

　一昨年から、ホテルで修業をしていた息子の貴典さんが厨房に入った。いま25歳だ。「一人仕事には限界がある。でも、もう一人いれば1＋1が2ではなく、その倍ぐらいに仕事をこなせるのが、私らの世界です」と、仕込みに熱中する我が子を横目で見守りながら話す。「料理はマニュアル通りにはいきません。素材の大きさも味わいも違う。若いときに数をこなして身体で覚えるしかないんです」。まだまだ田口さんは、一人で鍋を振り続けるであろう。しかし、そこへ味を継ぐべき助っ人が加わった。父親ならずとも、頼もしく思えるではないか。

9年目を迎え、席数ははるかに増え、スタッフの数も多くなり、いよいよ新たなステージでの勝負が始まった。変わらないのは行列がいまも続いているということだ。火口の前で鍋を振るのはまだ田口茂雄さん。息子さんもかなりの戦力となったが、まだまだ茂雄さんが現役を退く機は熟していない。むしろこれから息子をいかに育て、他のスタッフと協調しながら『華祥』の続編を作り上げてゆくのであろうか。だが、貴典さんが、店主として鍋を振る日は、そんなに遠くない。

(2009年8月号掲載に追加取材)

華祥《かしょう》

◆京都市左京区田中里ノ内町41-1 ☎075·723·5185 ㊢11:00～14:00、17:30～21:30㊤ ㊡水曜 ㊋各線出町柳駅から㊦10分 Ⓟなし ㊩昼は不可。夜はテーブル席のみ可 ㋕不可 ㊖1F カウンター10席、2F テーブル22席※昼のみ禁煙 ㊎中華そば650円、炒飯650円、牛ロース黒胡椒炒め1000円。瓶ビール中500円、紹興酒B 2500円。

(P181)

上／卵白あんかけ炒飯900円。綿帽子のように炒飯を包む卵白は、低温の油でじっくり温める手間の賜物。下／麺を150g使い、具もゴロゴロ。あんかけ焼きそばはこのボリュームで750円。

料理を食すことは、人を食すこと。
凛とした舞台で揺るぎない寿司を

原正《はらしょう》

2年間の逡巡

暖簾をくぐり、一瞬たじろぐ。白木のカウンター。その向こうに銀杏《いちょう》のまな板の輝き。腰を下ろせば卓と椅子の高さが素晴らしい。身体がリラックスし、据わりのいい位置に目線が安定する。一方で、僕の気持ちは引き締まる。中で仕事をする主・石川功さんを別人かと見紛うほどに、この店は変わった。今年、約1カ月をかけて、8坪ほどの構えのすべてを変えたのだ。

この5月で7年目に入った店は、石川さんの腕をもって改装前から予約の取りにくい状況が続く。和食の名店を皮切りに数店で修業を重ね、そこから寿司職人に転じた。庖丁の冴え、椀物の味わいなど、この道一筋の職人とは異なる寿司やアテを供し、その技が評価されてきたのである。

今回の改装には、僕の知人である銘木商と建築士が関わっていた。ともに石川さんの寿司を気に入り、ここ数年食べ続けてきた客だ。改装に携わると彼らから聞いたとき、「よかっ

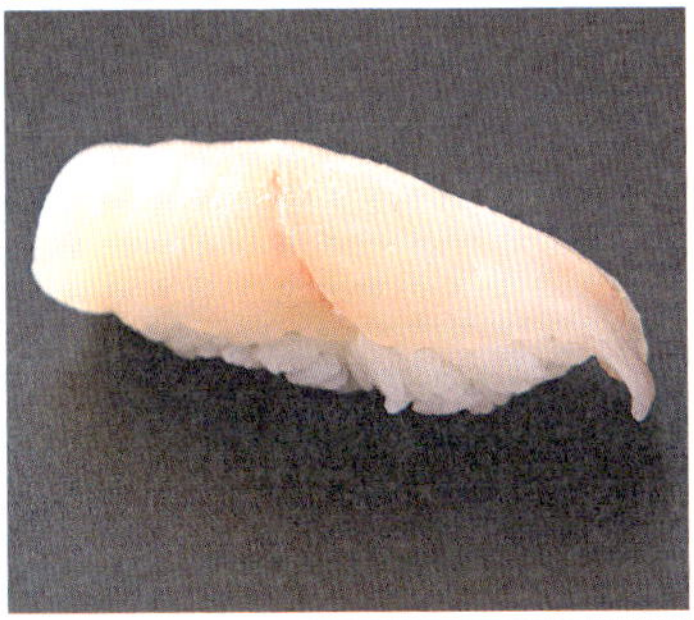

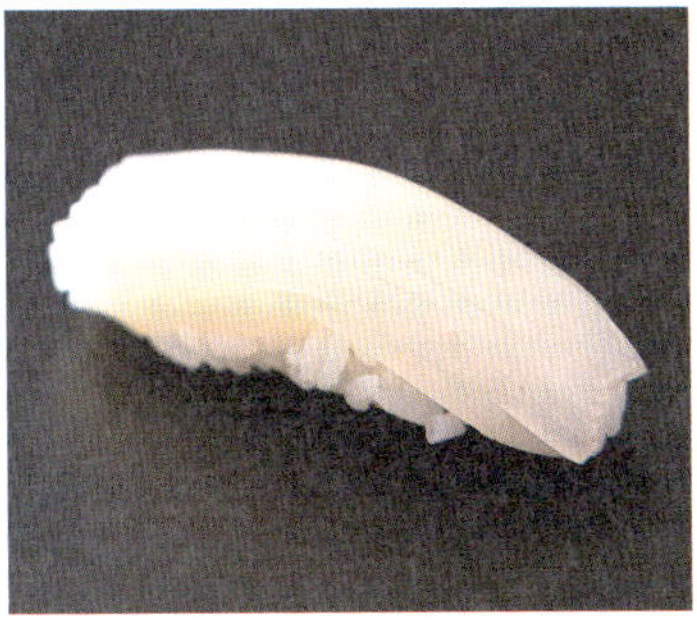

たな。でも、移転という選択はなかったのかな」と話す僕に、二人は「僕らもそれは思ったけれど」と。上本町や谷町九丁目に近い立地。寿司職人の多くが「最後は北新地かミナミで」と語る中、あえてこの地にこだわる意図を知りたかった。

「改装か移転か、2年間迷いました。ミナミという選択もあったんですが、最後には『目的を持って来てほしい』という気持ちが強かったんです。それと、これまで店を支えてくれたお客さんを大切にせんと。それが改装に決めた理由です」。自分の言葉を噛みしめるように話してくれた。

そもそもこの地を選んだのは、両親が営んでいた近鉄百貨店内のカマボコ店でアルバイトをした時期があり、土地勘があったから。加えて、修業した寿司店は枚方で、市内に来店を見込める馴染みがいるわけではなかった。となると路面店が必須条件になるから、ビル中《なか》物件ばかりの新地やミナミは厳しい。自己資金だけで始めたいという考えもあった。そして開店。月日は流れ、石川さんが心機一転を考えたとき、6年間の蓄積と愛着が、意外なほどの大きさで迫ってきたのに違いない。

目指して来てほしい

食事とは文字通り「食べること」だが、食事の目的が食べることだけだとは限らない。接待目的の客も来れば、同伴の客も来る。そして寿司屋が、料亭や割烹、レストランと並んで、そういう使われ方の多いジャンルの店であることは否めない。

目的を持って来てほしい。石川さんの言う目的とは、もちろん「寿司を食べること」だ。ついでだから、近くだから、ではなく店を目指して来てほしい。彼に限らず、料理人にとってはモチベーションを保つ大切な要素だ。そのために、自分の店は北新地やミナミから距離があったほうがいいと。

昔からの客を大事にしたい。これとて誰もが思うことだが簡単ではない。この店は常連客の密度が濃厚である。「週1回ペースの常連さんが結構いはるんです。月に2〜3回という方も相当おられるので、ありがたいですし計算も立ちます」。雄弁ではないがしっかりとした口調。「どのようなお客さんに来ていただけるかは、結局は自分次第だと思います」。商売ということをわきまえているし、それ以上にこの人は、馴染みの客を大切に思っているのだな、と僕は感じた。

人で呼ぶ寿司屋

改装期間、つまり寿司を握れなかった1カ月間の気持ちを聞いてみたいと思っていた。僕もそうだが、職人は特に、仕事をすることで自分の中のドロドロしたものを吐き出すことができると思っていたからだ。

「寿司を握りたくてうずうずしませんでしたか」と聞くと「いいえ」と意外な答え。「それより、人の料理を食べたかったですね。女房に『平日の晩ごはんは要らんから』と伝えて、1カ月食べ歩きました」。予想は覆されたが、僕は嬉しかった。料理に携わる者にとって、他人の料理を食べることは大いなる学びの場である。食した料理に作り手の視点で思いを巡らせ、同時に客側の目線から仕事を眺めることができる。改装期間という好機を逃さず勉強に励んだ石川さんには頭が下がる。

その結果だ。店という器に加え、新生『原正』は何が変わったのか。

まず、寿司飯が変わった。「昆布だしでご飯を炊くようになりました。ある東京の寿司屋さんのそういうシャリを、お客さんが『ご飯に旨みのコーティングがしてあるみたい』と話していたので試してみると、いいんです」。これは大きな変化だ。寿司飯が変わると、合わせるネタも当然変わる。酢で〆る時間や塩の当て方など、寿司飯に合わせて仕事が変わってきたという。

和食の経験を生かして、寿司までのアテも多めに出していた。「これからはできるだけ寿司を食べてほしいと思っています」。東京で食べた寿司店の影響かもしれないが、新地やミナミによくあるスタイルにはしたくないという思いがあるのだろう。

こんなことも。「これまでなら大目に見てもらえたことも、厳しい目で評価されるようになると思います。だから、寿司だけじゃなくて、みんな綺麗でないと」。内装の格を上げたことで、もしどこかに穴があれば以前よりずっと目立つ。求められる寿司屋としての質が全方位的に上がったということだろう。

多くの人たちとの出会いが繋がり、新装となった。そんな縁を大切にしたいと言う。「人で人を呼ぶ雰囲気を作りたい。握って、食べていただくという関係だけでは終わりたくありません」と最後に話してくれた。「人で呼ぶ」の好例として石川さんが挙げたのは、金沢の『小松 弥助』。寿司の旨さもさることながら、おっとりした大将の人柄に魅せられて通う客が全国にいる。

料理を食べるということは、最後には人を食べることだと石川さんは認識している。新しい舞台は調ったばかりだが、今後を見据える彼の視線は、すでに定まって揺れることがない。

（２００９年９月号掲載）

原正《はらしょう》

◆大阪市天王寺区上汐3-8-10 ☎06·6773·5518 ㊔17:30～21:00入店 ㊡日曜、祝日の月曜 ㊋地下鉄各線谷町九丁目駅·近鉄各線上本町駅から㊖5分 Ⓟなし ㊮必要 ㋕ほぼすべて可 ㊕カウンター8席※全席禁煙 ㊎おまかせは、にぎり10カンで6300円、アテ8品とにぎり10カンと玉子で15750円。日本酒1合1勺1050円～。

(P185)
上／白木のトーンで統一され、シンプルな店内。席間はゆったり食べられるよう広め。下／右上から時計回りに、天草の小肌420円は香り鮮烈な酢の〆加減。島根の剣先イカ420円は細い庖丁目が口中でほどけ、甘みが倍ほどに感じられる。青森·三厩（みんまや）のトロ1050円は漬けすぎない歯ごたえを残す。淡路のアコウの昆布〆420円は採れたばかりのように昆布に匂いが立ち込める。

ネオクラシックを標榜。
半端じゃない気概で創る中華

同源《どうげん》

フレンチではないか

法有るを貴び
法無きを貴ぶ
法無きは非なり
法有るに終るは
更に非なり

「いちばん好きな言葉。これに出合って料理人としての生き方が変わった」。料理長の銭《せん》明健《めいけん》さんは語る。先達に基本を学ぶことは大事だが、学んだことに縛られ独自の道を求めないのは、基本を学ばない者にも劣る。そんな意味だ。

銭さんの料理人生は、高校時代の飲食店でのアルバイトに始まるが、小さい頃から料理人になると決めていた。卒業後、神戸・三宮の『東天紅』に入り、その後数店。兄と中華の店を営んだ後、友人と中華メニューも出すカフェバーを青木にて。この店を辞し、神戸ヌーベル・シノワの魁《さきがけ》となった店『TAO』に入ったのが27歳のとき。

ヘルシー志向の到来を予見し、粥を組み込んだ美肌コースなど新メニューに挑戦していく。当時の料理を僕は食べていた。それまでの中華は、大皿で、何人かで食するのが常識。それを、一皿ずつ洋食器に盛り付ける。料理は油のキレがよく、口あたりが軽い。味付け、サービスに至るまで、関西では極めて斬新な試みであった。

震災のため、1年近く休業せざるを得なくなる。だが「その間に、いろいろな料理書を読み、字と篆刻《てんこく》を勉強しました」。実のある充電期間だったという。営業再開後に2年ほど料理長を務めた後、東京の『ゴールド香港グループ』総料理長となる。その後、神戸に戻って中華料理店の料理顧問などを務め、04年に『同源』の主人となる。

いまの店には、往時のヌーベル・シノワの雰囲気を感じさせるものはほとんどない。外観・内装はやや大人っぽいが、いわゆる「街の中華」の範疇《はんちゅう》だ。「いまの私がやっているのはヌーベル・シノワではなく、ネオクラシック」。銭さんはきっぱり言った。

東京から帰ってきた頃、フランス料理のシェフたちに特別料理を作る機会があった。料金は2万円という設定。フォアグラ、トリュフ、キャビアを中華のアプローチで調理した。反応は「これは旨い。でも中華ではなく、フレンチではないか」というものであった。4万キロカロリーのジェットバーナーを使い、瞬時に油を乳化させる。「火が命」の技法を十全に使いつつ、新しい中華を追求したつもりが、フレンチと見なされた。中華にない素材を中華の技で調理すれば、斬新な料理になる。しかし、別ジャンルに着地していると捉える人も必ず出てくる。衝撃と限界を感じた。

そこから、銭さんの新たな挑戦が始まった。発想を転換し、従来からある中華素材を使いながらも、新鮮な印象を与え得る方法論を編み出し、組み立てていったのだ。号して、ネオクラシックである。

リーズナブルの真意

「いま思うと、ヌーベル・シノワにはやや奇を衒《てら》うところがあった。もっと〝リーズナブル〟な料理を目指そうと思いました」。銭さんの言うリーズナブルとは、手ごろで、かつ「理（reason）に適《かな》った」料理ということ。リーズナブルであれば、従来の中華にはなかった手法も取り入れる。「必要であれば、中華料理を否定することもあり得ます」。この姿勢は、最初に掲げた言葉の実践と言える。他ジャンルの料理人との交流で、自らの料理を検証する。自分のフィルターを何度も通し、理論的な裏付けのある料理を作るという決意の表れである。

火との闘いである中華料理では、自然と油を多用する。銭さんは自身の「理」に従って使用量を極力抑えているが、その油も自ら作る。「牡蛎油はもちろん、エビにはエビ専用の油。肉、魚などそれぞれに合った油を作り分けます。昔の中華の料理人はみんなそうしていました」。

　面倒くさくとも、手抜きはしない。それが味に繋がる。ニガウリと砂ズリの炒め物や、和牛ホホ肉のスパイシー柔らか煮など、どれも油の軽さが料理を支配し、ゆえに各素材の香りが十二分に引き出されている。味わいの傾向はヌーベル・シノワ時代から一貫しているが、手法より料理本位であり、何より「否定するかも」という言葉とは裏腹に、中華というジャンルに

誠実である。

料理の役者たれ

ごまかしのない料理を作り続けるには、精神力に加え、それを支える体力も必要だ。「休み前の夜は、日本拳法の訓練をしてます。小さい頃からやっていた武術の基本が、人生の拠《よ》り所。基本は、やがて得意技を生む地盤になる。料理も武道も同じなんです」。僕などには辿り着けない境地であろう。

「弟子には私生活まで口を出す。料理だけでなく、生きる道を教えているんです。こちらも人生を預かっているのだから、お互い覚悟の上でないと続きません」。博打は即、破門。酒に溺れることも許さない。

膝を打ったのが、この台詞。「料理人になって30年余り、休みの日は昼夜ほとんど外食を続けています。家では食事を作りません。タダでは料理しないというプライドがあるし、一生に食べる回数は決まっているのだから、できるだけ人の料理を食べたほうがいい」。他人の料理を食べるということは、多様なアプローチに出合うということ。その大切さを知ることこそ料理人の基本ではないかと僕は強く思うのだ。

語りは、まさにマシンガントーク。メモを取る手が追いつかない。仕事について思うことの絶対量が多いのだろうが、自らの中にあるエネルギーの疼《うず》きを解消するために言葉を紡いでいると言ったほうが当たっているかもしれない。「これからの料理人は、旨い料理を作るのは当たり前。その旨さを口で上手に伝えられんとアカン。ホールの女性も同じ。店は舞台、自分は女優と考えて、お客さんに優雅に説明できんと」。

「私らは芸者なんです」。銭さんの言葉は、職人の矜持に満ちている。自分が作った料理を旨いと感じてもらい、リピーターになってもらう、

そのためにプロの料理人という役どころを演じきるのだ。ここまでの覚悟と迫力を備えた〝演者〟に出会えることは、観客として大いなる喜びである。

（２００９年10月号掲載）

同源《どうげん》

◆神戸市灘区岩屋北町4-4-8 ☎078·871·7761 ㊒11:30～14:00、17:30～21:00 ㊡水曜、第1·3火曜 ㊫阪神本線岩屋駅から㊮2分、JR神戸線灘駅から㊮5分 Ⓟなし ㊯ベター ㋕不可 ㊢テーブル18席※喫煙可 ㊎ランチ900円、マーラータンメン900円、エビのチリソース1300円。生ビール中480円、古越龍山瓶出しG520円。

(P193)
上／マーラー豆腐900円。油を抑えつつコクを出したいと、スパイスを30種以上使い、自家製の味噌、豆板醤に乾物も加える。下／スモークダックと焼きナスのXO醤煮込み1300円。鴨はあっさりとハム仕立て。片栗粉だけで粘りを出すのを嫌い、太春雨にあんを絡ませる。

フレンチ最前線を知るシェフが作りたいのは〝クラシック〟

オテル・ド・ヨシノ

6皿を捨てる師

「クラシックな料理をちゃんと作れるシェフって、僕らの世代では少なくなっているんです」と、料理長の手島純也さん。34歳である。

「もちろん、いまお出ししている料理が完璧だ

とはまだ言えませんが」と、勇気が要る言葉をはっきり語る。

『オテル・ド・ヨシノ』というレストランを語るには、まず説明が必要だ。オーナーシェフは吉野建《たてる》さん。パリ『ステラ・マリス』と、東京に『タテル・ヨシノ』3店、そしてここ和歌山と、計5軒のレストランを営む。パリと東京の店は、ともにミシュランガイドで一ツ星を獲得している。手島さんはパリ・東京を経てこの店を任された、吉野シェフの秘蔵っ子というわけだ。

「吉野シェフのほうが、現代的な料理を出されるかもしれません。パリにおられる時間が長い分、常に新しい流れを感じられるでしょうし」。手島さんは淡々と語る。「もちろん、シェフの作る料理を再現することはできます」。しかし、とここできっぱり。「自分の領分はあくまでクラシックです」。

出身は山梨県。高校卒業後、フランス料理店で働き始めた。次のステップはフランスか東京だと考えた手島さんは、お金を貯め、フランスに食べ歩きに出かけた。「『ランブロワジー』や『ピエール・ガニェール』の味にも感動したのですが、最終日に食べた吉野シェフの味に、さらに大きな衝撃を受けたんです。日本人でこんな素晴らしい料理を作れる人がいるのかと」。

帰国してすぐに、働かせてほしいと手紙を送る。待つこと半年。マダムから連絡が入り、渡仏。4年半フランスで働くことになった。吉野シェフのレストランで修業するかたわら、三ツ星・二ツ星など星付きレストランから下町のカフェまで、フランス料理の全貌を知るため様々な店で働いた。

　当時、吉野シェフから学んだことはと尋ねると、「一切の妥協を許さない姿勢です。素材にも、技術にも」。パリ時代、混雑時に6人の客が入り、アラカルトで注文をした。厨房は戦争状態だ。メインに進み、ようやく6皿仕上げたが、味見をした1皿に納得できず、吉野シェフは6皿とも迷わず捨てたという。「料理を待つ客がいるのに、それをさらに待たせてでも自分の料理を崩すことは許さない。その意地に驚きました」。

　当時の吉野シェフが志向していたのは、クラシック。もとより、それに憧れて渡仏した手島さんだ。海綿が水を吸うように、様々な料理を修め、経験を重ねた。帰国して東京で料理長を務め、半年経った頃、和歌山行きの話が出た。「以前にフェアで和歌山に来たことがあって、魚の豊富さに驚いたんです。知らない土地で仕事をするのも楽しいと思って」。すぐに話はまとまった。

古典に光る現代

　吉野シェフは毎月一度、和歌山に味のチェックにやって来るが、手島シェフの個性が滲む料理に対して、とやかく言うことは少ないそうだ。古典料理は素材にコストがかかるし、しっかりした技術も必要。「それを後輩に伝えるのが、僕の大切な仕事かなと思うんです。いまの低温調理や美食物理学など、興味はあるし、食べればおいしいんですが、自分で取り組もうとは思わない」。

この日僕が食べたコース料理でいうと、和歌山梅鶏のコンソメドゥーブルや、アワビ・リードヴォ・フォアグラのピティヴィエは、まさに古典・正統の仕事であった。

コンソメドゥーブル。いまどき、自店でコンソメをひくレストランも少なくなった。フランス料理の原点、スープの代名詞。コクと旨みはたっぷりだが、決してくどくない。喉が鳴るクリアな味わい。そこに鶏のクネルとトサカを加えた。贅沢な素材をふんだんに使ってこそ引き立つ料理である。

ピティヴィエは、素材をパイ生地で包んで焼き上げる料理だ。菓子の世界では時折見かけるが、近頃ではこの手法に出合うことが

本当に少なくなった。中にはアワビとリードヴォ、フォアグラが入る。赤ワインなど多彩な素材を煮詰めたソースは光沢豊かで、味の輪郭が立っているのに重くない。「バターでのモンテはしていません」と説明してくれた。モンテとは「繋ぐ」の意。つまり、古典料理のレシピには欠かせないコクを出すためのバターを、ヘビーだと判断して省いたのだ。軽い料理に慣れた現代人の舌を意識してのアレンジ。時代をしっかり捉えている料理人が作るなら、「クラシック＝重い」という図式にはなり得ないのである。

大胆にして着実、かつ現代的でなければならない。手島さんは、非常に難度の高い料理にチャレンジしていると言える。

いまは食べずに

シェフの料理を食しながら、僕は京都の日本料理を思い浮かべていた。京料理は、常に変化を続けている。「昆布とカツオのだしがベース」という公式を変革しようとする料理人が現れる。海外のトップシェフとコラボレーションを重ね、絶えず自らの料理を再構築している料理人もいる。それでも、椀物や八寸というスタイルを頑なに守る。基本がしっかりあって、その上で変化を求める。これは手島さんのスタンスと共通する部分だろう。

「休日は、いつも食べ歩き。フレンチかイタリアンしか食べません」と言う手島さんに「なぜ日本料理を食べないんです？」と尋ねた。するとと意外な答え。「パリで修業していたときに、たまに食べるご飯や味噌汁がすごくおいしくて、自分が日本人であることを強く意識しました。関西のおいしい日本料理をいまずに食べたら、きっと影響されてしまう。まだ食べずにいようと決めているんです」。納得した。そこまでして、自分が目指すクラシックな料理を突き詰めようとする。師匠譲りの、妥協を許さない姿勢の表れであると言えよう。

和歌山という土地で、初めて出合う素材を使いながらクラシックの世界を深めていく。そして、それを守り伝えることに使命感を持つ料理人が存在することに拍手を送りたい。懐かしいが、古さは全く感じられない料理。そこから彼の思いがひしひしと伝わってくる。手島さんはきっと、根っからのフランス料理ファンなのだろう。

（2009年11月号掲載）

オテル・ド・ヨシノ

◆和歌山市手平2-1-2 和歌山ビッグ愛12F ☎073·422·0001 ㊖11:30～14:00㊤、17:30～21:00㊤ ㊡月曜、第2火曜（月曜が祝日の場合は営業、翌日休み）㊝各線和歌山駅から㊟5分 Ⓟ共用約1000台 ㊕ベター ㊍ほぼすべて可 ㊢テーブル36席 ㊣1室（1～6名）※全席禁煙（喫煙スペースあり）㊎ランチ3150·5250·8400円、ディナー6300·10500·15750円。Gワイン1050円～、Bワイン5250円～。

（P196）

和歌山産アワビと仏産フォアグラ、リードヴォのピティヴィエ。伝説的なソース・サルミを、肉の血ではなくアワビの肝で仕上げる。昼8400円、夜15750円のコースから。

（P199）

上／和歌山産の岩牡蛎 柑橘風味の白ワインジュレのせ。昼夜全コースに組み込み可能。下／和歌山に来た当初は漁港に毎日通って顔を繋いだ手島シェフ。

微細な進化を見せる料理は
古びず、しかも、ほっとする

吉膳《よしぜん》

不思議な引力

祇園富永町から下河原に移転したのが昨年12月。ちょうど1年が経つ。富永町で17年。それまでの11年間、店主・岡本佳幸さんは『祇園鳥居本』で修業に励んでいた。

出身は山口・下関。地元の工業高校卒業後、自動車メーカーに就職した。そこから進学したい思いもあったが、まず手に職を付けようと料理の道を選ぶ。下関の料亭で2年働くうち、少し世の中が見えてくる。「料理の本を見ると、自分がやっていることと京都の料理屋の仕事があまりにも違ったんです。これは行ってみなければと思いました」。京都へ出たきっかけである。

縁あって、長崎・卓袱《しっぽく》料理の流れを汲む享保年間創業の老舗料亭『鳥居本』へ。岡本さんが修業に入ったのは七代目当主の時代であった。銘々の膳に大鉢の料理を取り分ける「祇園料理」というスタイルを編み出し、京風を基本にしつつも豚の角煮を織り込むなど、ハイブリッドなスタイルが持ち味。だが、8代目は時代の流れに鑑《かんが》み、京料理にシフトする。「どちらも学べたのが、私にとってはありがたいことでした」。

では、岡本さんの料理はいかなるものか。ごく簡単には、7代目と8代目の料理の融合形と言えるだろう。

まずは豆皿で4～5品。訪ねた秋のある日は、長芋とウニ、渡りガニの玉締め、揚げ銀杏、サンマの幽庵焼き、ゴリの揚げ煮といいテンポでカウンターに並ぶ。いずれも酒飲みにはたまらない素材と味わいだ。次に椀物。栗のすり流しに明石のタコ、雷コンニャクが入っていた。造りはカマスの昆布〆である。ソース代わりに、菊菜を混ぜたとろろがかけてある。焼き物は松茸。そして僕が愛して止《や》まないお凌《しの》ぎ・おこわ蒸しが登場する。この日はだしに浸って、中央にグジ。おこわ飯は、いったん半乾燥させた後に再び熱を加えてあり、表面の歯ごたえと香ばしさが際立つ。僕にとって『吉膳』を語るに欠かせない名物なのである。

下関の出ゆえ、白身の造りに細いネギを巻くなど、一般的な京料理との微細な違いはあれど、斬新な料理とまではいかない。件《くだん》のお凌ぎは「祇園料理の伝統を堅実に継いだ7代目の仕事ですね。でも椀物や焼き物などは、板前料理を取り入れた8代目のそれでしょう」。突拍子もない料理が出てくることは、まずない店。なのに僕は、いつも一定の引力を感じている。

変わらない進化

この店に驚嘆すべき理由が、僕には二つある。一つは、富永町時代を無休で通したこと。頼もしいが、休まなければ外食の回数は減るはず。料理人の食べ歩きを大切な修業と考える僕にとっては、いささか疑問もあったのだが……。「店にいると、いろんなお客さんがほかのお店の料理を教えてくれるんです。実際に食べると影響を受けすぎるから、想像で組み立てて、自分の料理を作っていくんですよ」と岡本さん。居ながらにして、常に脳内で食べ歩きを実践していたのだ。フグの白子和えなどは、そうして生まれた一品なのだという。

二つめは、僕が初めてこの店で食べた15年前からいまに至るまで、何度食べても印象が変わらないこと。食材に旬があるように、料理人にもいろんな季節がある。青年から壮年、老年と、年を経るにつれ料理は変化していくのが普通だ。マニアックに傾く人もいれば、前衛からク

ラシックへと回帰する人も。だが、そうした動きを岡本さんの料理から感じ取ることが僕にはできない。15年も同じことを続けていれば、客はどこかに古びたものを受け取る。それすらもないのである。

正確に言うならば、彼の料理は細かな変化を繰り返している。ただ、フグの造りや栗のすり流しがそうであるように、素材自体に新味があるわけではなく、後で「そういえば、あの組合せは初めて食べた」と気付く。高い完成度ゆえに違和感がない。感じないから誰も騒がない。そんな進化もあるということだ。仕事柄、友人知人に料理店を紹介する機会は多いが、とりわけここは、ほとんどの人から心地よい反応が返ってくる店。そして皆、僕と同様の不思議な印象を抱くようなのだ。

今回の移転では、店のサイズも大きく変わった。以前は「一人で全部やってるほうがストレスがない」と話していた岡本さんだが、新店には2階もあり、板場に人を入れた。「一緒に『鳥居本』で働いたことがある人間なので、うまくいってます」。軽々と笑う。同門とはいえ、自分以外の料理人を初めて厨房に迎え1年。やはり料理の印象は変わらない。それを驚異に思う。

強靭な柳

「京都で修業を始めた頃、祇園は凄い所だなと思いました。特に祇園町はお付き合いの厳しいところ。しきたりを知り、忍耐を覚えないとお商売ができません」。和食の世界において、祇園という場所が持っている特異性をこうはっきりと語る人は多くない。強固な不文律や習わしが岡本さんに衝撃を与え、彼はそのすべてを自らの身体に刻み込んできたのだろう。

「筋を通すことがいちばん大事です」。この日、最も強いメッセージを孕《はら》んでいた岡本さんの言葉である。料理もスタイルも変えない。休みがほぼないから、お客と一緒に食べに行くこともない。すべてと等距離で付き合う筋の通し方だ。空想の中で食べ歩き、カウンターで料理を作り、会話で場を和ませる。すべての仕事に手を抜かず、食べ手を満足させてきた体力と精神力。それを表に出さず、風に揺れる柳のように立ち働くさまは見事なものだ。

今後がますます楽しみだと感じさせてくれたのは、この台詞。「今度の店は自分のもん。モチベーションが違います」。通りすがりが暖簾をくぐることは稀な場所。目指して来る客に、確かな満足感を与えなくてはならない。その重圧に立ち向かいながらも肩の力が抜けている岡本さんの佇《たたず》まいに、僕はほっとするのだ。こんな料理人は、本当に珍しい。


（2009年12月号掲載）

吉膳《よしぜん》

◆京都市東山区祇園下河原高台寺北門前通東入ル鷲尾町503-14 ☎075･541･6441 ㊖12:00～13:00㊤（予約時のみ営業）、17:00～20:00㊤ ㊡不定休 ㊫市バス祇園バス停下車 ㊮6分、京阪本線祇園四条駅から ㊮15分 Ⓟなし ㊗必要 ㋕ほぼすべて可 ㊢1Fカウンター9席、2F座敷8席※全席禁煙（喫煙スペースあり） ㊎おまかせコースのみ（全14品、昼11000円･夜12000円）。日本酒1合850円～。

（P205）

上／昼夜共通コースから。先付の豆皿。アン肝のネギ味噌（左奥）、カニ味噌の玉締め（右手前）など2階の個室では八寸風に並べて供される。下／フグのブツ切り 白子かけ。白子で旨みをブーストさせつつ、自家製ポン酢の酸味や、下に敷いた白菜の芯のシャキシャキ感でバランスを取る。

日本と西洋、伝統と現代
コクトゥーラ＝融合が紡ぐ料理

コクトゥーラ 桜井

地の力、地の恵み

食事が終わったところで、主の櫻井克則さんは「面白いことを発見したんです」と真顔で切り出した。「人気のある料理人さんの名前には、『口』という文字が入っているんです」。一瞬の間があり、「例えば『祇園さゝ木』の佐々木浩さん、『神戸北野ホテル』の山口浩さん……。山口さんには『口』の口と『浩』の口、2つもあります。きっと食べること、料理することと切っても切れない運命にあるんですよ」。こんなことを真面目に考える櫻井さん。

料理の素晴らしさもさることながら、ささやかな偶然にさえ拘泥《こうでい》する料理人に、愛着がふつふつと湧いてくる。自身もまた、「克」の名に口を抱く櫻井さんの興味は今、店を構えるこの地・滋賀と、器にある。

現在46歳。高校卒業後、京都の割烹や料亭で修業を重ね、縁あって滋賀県の料理屋を任されることになった。最初は京都から通っていたが、次第に滋賀の食材や土地柄に魅せられて移住。35歳で独立を果たす。現在の場所に移ったのが39歳のとき。今年で7年目を迎えた。石山寺に近いとはいえロードサイド。周辺に美味の香りが漂う環境ではない。しかし、「少し山に入れば、この辺りには花や山野草がいっぱいある。野菜も滋賀県産はかなりいいんです」と胸を張る。

この店を始めたのと時を同じくして、県産の野菜を探し始めた。ＪＡの紹介で、近江伝統野菜・下田ナスの生産者である山中千代治さん夫妻と出会う。「お二人の作る、皮が薄くて柔らかな実のナスに一目惚れしました。でも、なかなか分けてもらえなかった。本当に少ししか作っておられないので……」。人は本気で何かを欲したとき、何でもできるようになる。櫻井さんは、朝の5時半頃には山中さんの畑を訪れ、収穫を手伝うようになった。そんな日々の積み重ねが信頼関係を生み、やがて収穫物を少しずつ分けてもらえる間柄になった。「今でも手伝いに行きます。地産地消って言いますが、こればかりは実践しないと分からないことですから」。店のホームページを見ると「生産者」というコーナーがある。

そこには、滋賀県でものづくりに励む人々が、写真とともに紹介されている。料理人にとって食材がいかに大切かを熟知しているからこそ、共存共栄の姿勢を強く打ち出しているのだろう。

余白の食、躍動の器

僕が櫻井さんの料理を初めて食べたのは、4～5年前のことである。和食をベースとしながらも、西洋の食材を取り入れた前衛的な料理を、新鋭作家の器で供されたと記憶している。ところが、この1～2年の印象はかなり違う。以前の料理は、たとえるなら半紙からはみ出ても構わずに筆の勢いで文字を読ませるような印象であった。しかし、今は半紙の余白を生かしながら、独自の書をしたためる余裕が漂っている。

秋に食した「名残鱧焼き霜 下田茄子翡翠煮 ドライトマトのソース」は下田ナスと鱧の2種類の甘さに、ドライトマトの酸味と甘みが重なり幾層もの旨みを湛えていた。コースの中で渋く輝くその存在感は忘れられない。「子持鮎 甲津原茗荷はさみ焼き 骨揚げ 玉味噌ソース」にも唸った。子持鮎に茗荷を挟み、酸を加える。頭と中骨は素揚げである。カリッとした香ばしさは、まるで鮎の煮干しを食べているかのような凝縮した旨みだ。玉味噌のソースの辛みやコクも利いていた。この料理は、鮎から頭と中骨という硬い部位を取り出し、あらかじめ焼いてある。これは、炭火でじっくり中骨まで焼き切る伝統手法から編み

出した調理法だ。勢いや思い付きの域に留まらない料理であることが窺《うかが》える。そんな人が、「名前に口が入っています」と話すのだから、可笑《おか》しくなってくる。
　そのとき、料理はすべて陶芸家・村田森さんの作品に盛られていた。「年に一度『食と器を楽しむ会』を企画しています。いろいろな作家さんとコラボレーションをするのですが、今年は村田さんの器だけに絞りました」。ギャラリーで若手作家の作品を楽しみ、骨董屋で古い器に魅せられることも多い。器から料理が生まれることもしばしばだと言う。実際、

櫻井さんが供する料理は、器の存在を相当強く意識したなと感じさせるものが多く、そんな推理も料理をおいしくしてくれる。「櫻井さんは器をひねらないのですか？」と尋ねると、「実は少し、やるんです」と恥ずかしそうに作品を持ち出した。色合いはシックだが、数年前の料理で感じたような、筆の勢いを思わせる趣であった。

融け合う境界

夜の献立は、5250円から。約10品から構成されるこのコースは、本当に値打ちがあると思う。「以前、まだ修業中の頃ですが、同窓会があったんです。そのとき友人たちに『お前の働いてる店に、俺らは一生行かれへん。高いし、上等やろ。気い、張るわあ』と言われて」。そのときから、櫻井さんは自分の料理を誰に食べてもらいたいのかを真剣に考えるようになった。「友人が月に一度くらいは来られる店にしたい」。これまで何人もの料理人とお客を見てきたが、主が客と向き合い、互いに成長し合える関係を築くには、その年齢差が10歳前後以内である場合が多い。それを考えると、同級生をターゲットにするのは、極めて真っ当な選択といえる。「値段を抑えている分、多く通ってくださる方がいらっしゃるのも嬉しい。家族連れも大歓迎です」。現在はカウンターと個室が3部屋。「いずれはカウンターだけにして、オーダーメイドの店をやりたいんです。実験的にですが、予算と希望を聞いて、その方だけの料理を組み立てるというかたちで、少しずつ始めていきます」。

「コクトゥーラ」は、ラテン語で融合の意。器と料理。日本と西洋。伝統と現代。種々の融合をテーマに、櫻井さんは料理を作り続ける。

食材を見極める「目」、論理的に料理を構成する「知」、確実な調理を施す「手」、人と人をゆるやかに繋ぐ「情」……。櫻井克則という人には、「口」だけではなく、料理を生業とする者にとって欠かせない、面白い素材がたくさん詰まっている。そして、それらが互いの境界を超え、融《と》け合うことで成り立つ一個の世界が、この店そのものなのかもしれない。

（2010年2月号掲載）

コクトゥーラ　桜井

◆滋賀県大津市国分1-217-10 ☎077・533・3002 ㊔12:00～13:00㊤、18:00～19:00㊤ ㊡不定休 ㊋JR東海道本線石山駅から㊌5分 Ⓟ5台 ㊕必要 ㋕不可 ㊛カウンター8席※全席禁煙 ㊗3室（2～14名） ㊎昼の野菜懐石2100円（全7品、平日のみ）、昼コース2940円（全8品）～、夜コース5250円（約10品）～。日本酒1合630円～。※5250円以上のコースはサ5%別。

（P211）
上／料理はすべて昼・夜5250円のコースから。金時人参とくわいのニョッキ。もちもちした食感がほろ苦い菊菜のあんを搦め捕り、野菜の甘さをさらに強調。下／白味噌仕立 近江かぶらの葛寄せ（手前）と氷見の鰤みじん粉揚げ 秦荘町の山芋すり揚げ（奥）。

飽くなき探求心を持つシェフは
無駄をそぎ落とした旨みを供す

レストラン
ペルージュ

自称〝疲労〟人

「ホンマに腹いっぱいになったな」と中学時代の同級生でワイン好きの友人が呟いた。僕も同感であった。同年代の友人でフランス料理のファンは少ない。50歳を超える頃から和食、それも寿司に食指を動かし始める者が多いからだ。その中で、ワイン好きか大食漢がフレンチにも興味を示す。僕らは二人とも自他ともに認める大食漢だが、9年ほど前、ここで初めて食事をしたときの印象は「旨いけど、相当量があるな」であった。

昨年も数回、店を訪れた。料理の構成は変わらないが、ボリュームは確実に小さくなり、ソースの濃度がわずかに軽くなっていた。食後感を伝えると、「時代の流れもあるかもしれません」とオーナーシェフの栗岡 敦さん。そしてすぐに、「ちょっと疲れているのかな。でも、それぐらいがいいのかもしれない。料理人が元気過ぎると、量も味もたっぷりしっかりで、お客さんも大変でしょう」と笑った。これまで数多の料理人を取材してきたが、自ら「疲れている」と話すシェフは多くない。だが栗岡さんの場合、それは決して否定的な発言ではなく、料理がお客さんのペースに合ってきた証と解釈することもできる。

例えばポーション。日本で供するにあたって、現地と同じボリュームでは多過ぎるだろう。塩加減も彼《か》の地の味付けと同じでは受け入れられにくい。といって、はやりの和洋折衷では手応えが薄い。栗岡さんが独立したときのボリュームや塩加減は、相当気合いが入っていたが、お客さんの許容範囲ギリギリのラインでもあった。それが歳月の流れとともに、境界線を軽くクリアできる余裕が生まれたのであろう。

伝説の継承者

栗岡さんは、神戸だけでなく日本中で伝説となったフランス料理店『ジャン・ムーラン』に16年勤めた、いわば同店純粋培養の料理人である。最後の5年間はスーシェフとして活躍、つまり『ジャン・ムーラン』の料理を実際に作っていたのは彼なのである。01年2月、同店が惜しまれつつも閉店するまでをきっちり勤め上げ、その2カ月後に独立開店。54歳でコックコートを脱いだ美木 剛シェフの料理を継承する一番手の新たな門出を、失意の中にいた食べ手は俄然注目し、そのニュースに興奮した。

当時、栗岡さんはまだ30代後半。勢いもある。独立せざるを得ない状況とはいえ、大きなチャンスでもあった。気合いが入って当然。持てる力を振り絞り、全速力で駆け抜けたという感じだ。いま振り返ってみると、そのスピードにどれだけの食べ手が付いていけたことか……。そんなことを考えながら、この店で食べた印象深い料理の数々を反芻《はんすう》していた。

茶路《ちゃろ》めん羊牧場の仔羊ロースト。これは『ジャン・ムーラン』時代から親しんだ食材でもある。「香りも味もいい」と、栗岡さんもお気に入りの様子。特有の匂いはあるが、肉質はきめ細かく舌に乗っかる旨みは強い。ローストは実に基本的な料理である。だからこそ、食材となる仔羊は厳選しなければならない。僕も初めて食べたとき、舌を覆い尽くす濃厚な肉感に驚いた。おそらく、多くのフランス料理店で供される定番メニューであろうが、ここで感じた力強さは決して忘れることがない。ナイフを入れたとき、わずかに滲む血。そのなまめかしいまでの紅色が、食欲を誘う甘美な香りとなる一瞬の変化。仔羊ファンにはたまらない一皿である。いま改めて食してみれば、開店当初の荒々しさはやや影を潜め、かなり繊細な盛付けとなった

ように感じる。一皿の料理から、一軒のレストラン、一人のシェフの変遷が見えてくる。好きになった店に通い続ける愉しさは、こういうところにもある。
開店当初、栗岡さんはプリフィクスの形式を取っていた。しかし4年目に変化が訪れる。

どうしても食材のロスが出るアラカルトスタイルを廃して、メインの肉料理は7種類から選べる自由さは残しつつも、コース料理のみに絞ったのだ。作り手から考えると極めて効率的、無駄がない。それを食べ手から推察すると、選択肢が少ないという不満に転ずることもある。だが、シェフは「自信を持って食材を揃えられるようになりました」と胸を張る。お客がメニューを選べないということは、皿ごとの相性や組合せ、個人の嗜好を含む、その日の食事の責任がすべてシェフにいくということでもある。「覚悟はできていました」。毅然《きぜん》とした態度と気質は師匠譲り。頼もしいところだ。

次の夢、最後の夢

栗岡さんの次の夢は何ですかと尋ねると、「グランメゾンを作りたいと思って、場所を探しているところです」と興味深い発言。『ジャン・ムーラン』なき後、その称号に相応《ふさわ》しいレストランが少ないのは否定できない現実である。継承者としては悲願にも似た思いなのであろう。「店内はシックなインテリアでまとめて、個室も欲しい」「ソムリエはもちろん、メートル・ド・テル、それにパティシエも……」途端に口数が増え、次々にプランが飛び出してくる。結構スタッフが要りますねという問いに、「揃える自信はあります」と一言。「今年で僕も46歳。もう動き出さないと時間が足りません」。独立開店することは、料理人にとってスタートでしかない。それを到達点と考える料理人が多い中で、大きなリスクを負ってまでも「夢のその次」を追い続ける栗岡さんの飽くなき挑戦と果敢な姿勢に、思わず拍手を送りたくなる。「料理人としての最後の夢は、カウンターだけの小さな店をやること。壁一面をセラーにして、好きなワインをお客さんが勝手に選んで、勝手に開けて。僕はその一本に合う、美味《おい》しい料理を作るだけ」と、はにかみながら付け加えた。

自らの進路を見据え、明確な言葉で語る栗岡さん。その手になる料理は、9年の間に親しみやすさという要素を加え、多くの人の支持を得る内容となった。結果として、グランメゾンという夢が手を伸ばせば摑める場所にまで、自ら近付いてきたともいえる。そして、そのまた先が栗岡さんには見えている。こんな人となら、最後までとことん付き合いたいと思う。新しい夢を、とことん隣で見ていたいと願う。栗岡さんは、やっぱり少しも疲れてなどいないのだ。

（2010年3月号掲載）

レストラン　ペルージュ

◆神戸市中央区中山手通1-27-11 マーツハイム1F ☎078･242･4188 ㊔11:30～14:00㊤、17:30～21:00㊤ ㊡水曜 ㊯各線三宮駅から㊦10分 Ⓟなし ㊮ベター ㋕不可 ㊕テーブル20席※全席禁煙 ㊎昼コース4000･6500円、夜コース6500･8500･12000円。Gワイン950円～、Bワイン4800円～。※サ10%別。

（P214）

料理はコースより。北海道・茶路めん羊牧場の仔羊ロースト。この日の添え野菜はサツマイモを凌ぐ甘さに驚愕する種子島産の安納（あんのう）イモ。

（P217）

上／取材日のメニューより。5種の大根と蒸しアワビのサラダ仕立て 自家製カラスミ添え 肝のドレッシング。下／店はハンター坂の途中に。

意外性に満ちたこの店の魅力は
主の意外な趣味が鍵

中国酒家 福龍園

趣味と生業の間

店内に「日本甲冑《かっちゅう》武具研究保存会」のポスターが貼ってある。それを見ながら嬉しそうに、「甲冑の保存や日本刀の鑑賞などをやる会です。趣味ですわ」と、主の浅見龍彦さんは笑う。御年52歳。「浮世絵にも思い入れがあって」。

南森町にある中華料理屋で「甲冑」や「浮世絵」という単語を耳にするとは予想もしなかった。それら「静」なるものは、粋人や学問の領域で遠い世界の話だと思っていた。ところが、「感動することを忘れないためのコレクション」だと浅見さんは言う。もちろん、生業とする料理は自分を貫く芯となるものだ。しかし、「それだけでは満たされない。浮世絵の色遣いは料理の発想を豊かにするし、その源泉ともなる。言うたら、刺激と癒しの相互作用を、美術品からもらってるようなもんです」。

浅見さんは、かつて阪急東通りにあった陳建民プロデュースの『四川飯店』から料理人人生をスタートさせた。その後も四川料理一筋を貫いて94年、本町の『鴻福門《こうふくもん》』を最後の修

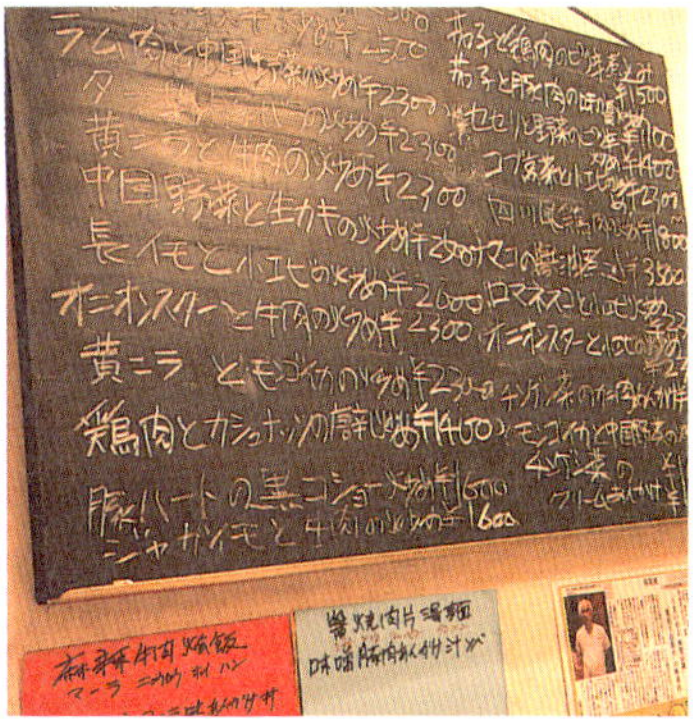
黄ニラと牛肉の炒め ¥2300
中国野菜と生カキの炒め ¥2300
長イモと小エビの炒め ¥2000
黄ニラとモンゴイカの炒め
鶏肉とカシューナッツの唐辛し炒め ¥1400
豚ハートの黒コショー炒め ¥1600
ジャガイモと牛肉の炒め ¥1600
茄子と豚肉の味噌煮 ¥1500

業先として独立を果たす。「実は僕、独立第1号だったんです。だから、当時は何が何でも成功しなあかんと構えてましたね」。その後、浅見さんに続いたのが、『ラヴェニール・チャイナ』の今村浩之さん、『チャイナビストロ　エヴォーブ』の常村美文さんなどである。後続者には頼りになる先輩であったのだろう。豪放磊落を地でいく風貌が、兄貴分という印象を一層強くする。

今年で17年目を迎える店は、古い中華料理屋跡をそのまま使う居抜きのスタイルで始めた。1年目は「お客さん、ほんまにポツポツでした」。2年目に取材記事が毎日新聞に載った。その後、口コミで徐々に客足が増えたという。「当時は担々麺と言ってもなかなか通じない。『味噌ラーメンか』って言われたら、『胡麻味噌ピリ辛麺です』と説明したりしてました」。

今でこそ四川料理というジャンルは認知されているが、当時は「麻婆豆腐」や「エビチリ」ぐらいしか知られていなかった。以降、その意識の低さをバネにしながら浅見さんは定番から個性的な一品まで、菜単《メニュー》を増やしていく。そして、大阪で四川料理と言えば知る人ぞ知る、確固たる地位を築くことになるのだ。

炒《チャオ》ではなく、爆《バオ》

僕がこの店に通う理由。それは、席数にしては多い菜単の数と、火入れの鮮やかさに惹かれてのことである。店の佇まいは、誰が見ても街場の大衆中華料理店だ。ただ一つ、黒板から溢れんばかりに書かれた日替わり菜単が、「うちは他とは違う」と高らかに主張している。これは、「中華料理には生きたメニューがない。トラットリアやビストロみたいに、今日のおすすめを黒板に書いたらどうや」。客足が伸び悩んでいたとき、常連さんの洩《も》らした一言がきっかけとなり始まったものだという。それにしても、その数と内容である。

店も狭いが厨房はもっと狭い。そこから、これほどの料理が本当に生まれるのかと、勝手に心配してしまうほどなのだ。「アイデアは四川の宴会料理から。あとは季節感を考えて」と本人はいたって軽い口調で話す。「ベースはもちろん四川料理。でも、変わった食材があれば使ってみるし、素材を制限したりはしない。ロマネスコなんか、結構旨かったですよ」とニュートラルな姿勢を崩さない。「今日使ったコブ高菜は珍しい野菜だけど、ルーツが中国だから違和感もないでしょう」と、驚くほど自然体なのである。確かに、コブ高菜と生牡蛎炒めは、シャリシャリとした歯ざわりとクリーミーな磯の香が、引き締まった辛さの味付けを得て、四川料理の感動を存分に与えてくれた。

特筆すべき火入れの技は、鶏のせせりと野菜の炒め物を例に語ろう。せせりを使うのは浅見さん流だが、食べ終わったときの皿の美しさに驚いた。油切れが良いのだろう。うっすらと透明な膜が張ったように表面が光り、油が溜まっていない。「火力です。炒ではなく爆にする大胆さが肝心。すると、水分も飛ぶし余計な油も残らないんです」。中華料理が強火というのは、誰もが知っていることだ。

フレンチやイタリアンに比べると使うガス火の力はかなり違う。だが、強火であればいいというわけでもない。スピード、タイミング、鍋の振り方。それらが合致しないと、油切れは悪くなる。これは経験と訓練によって習得する技術だが、持ち前の感覚が左右することも忘れてはならない。

「味の境目を見極めることが大事。香辛料を利かせて、味を付けて美味しいものと、軽くていいものがある。その違いを知れば、思い切れるようになるんです」。この潔さが、独自の火入れに深く繋がっているのであろう。また、鍋振りに必須のスピード感を維持するには体力が要る。「特別なことは何もしていません。強いていえば、趣味が健康の秘訣。仕事以外に好きなことがあればリフレッシュできる。僕は、そうしてバランスを取っているんだと思います」。

闘う料理人

店に黒板が登場したのは10年ほど前のこと。時代の流れは早く、中華料理の世界でも変革は進む。しかし、浅見さんはそれに飲まれることなく、常に四川料理のプロトタイプを守り続けているという印象が強い。だから、時折黒板に加わる新たな食材や調味が、思った以上の効果を発揮するのだ。

自らの料理について、浅見さんは「僕のカラー」という表現をする。いろいろな店や味と出合い感銘を受けることもあるが、「自分の答えを持っているから焦らない」と言い切る。

「大切なのは、時代より、お客さんの要望。支持され続けることが一番大事と思うから、そのための努力は惜しみません」。
　カウンターで担々麺や麻婆豆腐といういつものパターンではなく、今回、多くの菜単を食した。そして「柱は自分に」という言葉を聞き、浅見さんの新たな一面を発見した思いもする。四川料理という基礎に軸足を置きながらも、いつも己と闘っている人なのだ。自らの立ち位置を確認し、振り幅を楽しみ、自分の色を濁らせないためにも闘い続けている人なのだ。すると、甲冑や日本刀、浮世絵という世界がにわかに浅見さんと近く思えてくる。闘う料理人には、休息し、力を補う「静」の場が、きっと必要であるはずだから。

（2010年5月号掲載）

中国酒家　福龍園

◆大阪市北区天満4-16-8 ハイツ天満宮1F ☎06·6353·7224 ㊢11:30～14:30、18:00～22:00 ㊡日曜、祝日 ㊈JR東西線大阪天満宮駅·地下鉄各線南森町駅から㊌3分 Ⓟなし ㊇ベター ㋕不可 ㊞カウンター5席、テーブル10席、小カウンター2席※昼のみ禁煙 ㊎日替わりランチ730円～、スペシャル担々麺900円、スーパー麻婆豆腐1000円(夜のみ)。生ビール中500円。

(P221)
料理は全て取材日のメニューより
右上／セロリとせせりの豆板醤炒め1400円。右下／生のザーサイ(奥)と紋甲イカの豆豉炒め2300円。左上／その日の仕入れによってメニューは日々更新される。左中／歌川広重「六十余州名所図絵」から「土佐海上松魚釣(1855)」。浅見さんの思い入れの強い作品。左下／店内は狭いが、主の技とざっかけない雰囲気を気に入って接待利用も。

常に「他にないものを」。
主の情熱が店を作り、客を呼ぶ

祇園 にしむら

輝ける器

四条通から花見小路を南へ。石畳の道に靴音が響く。2筋目を東へと折れ、しばらく歩くと店々を照らす小さな明かりが連なる。「長いこと行ってないなぁ」。ふとつぶやき、祇園は世界にも類を見ない旨い店の集積地だ、などと思いながら角を南へ曲がる。左手に目的の店が見えてくる。

「今日の鯖寿司はどんな具合だろう。鯛の造りはやっぱり旨いだろうな」。さっきから二つの思考が脳裏を駆け巡っている。引き戸を開

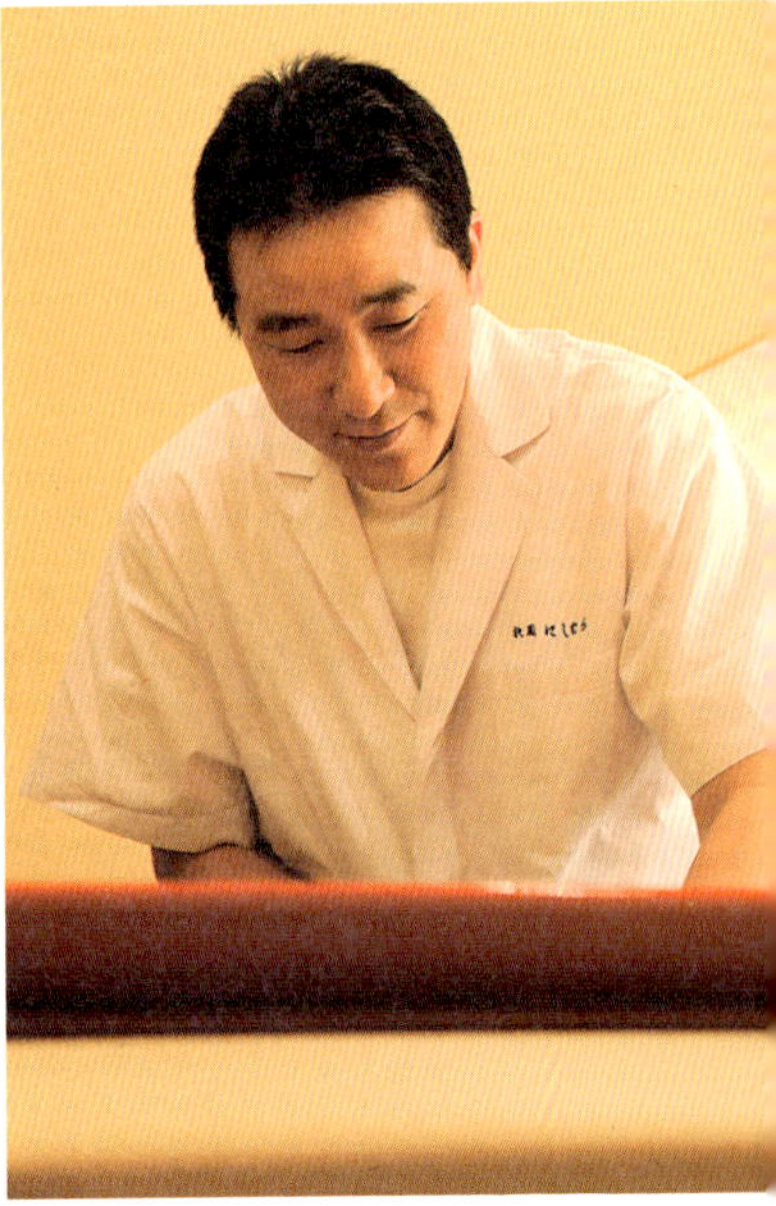

け玄関に入ると、お母さんが笑みをたたえ迎えてくれる。座敷なら靴を脱ぐ。今日はカウンターなのでそのまま右の障子を開ける。

ここから主・西村元秀さんの舞台が始まる。この人はいつも元気がいい。胡麻豆腐から始まるこの店のスタイル。「鯖寿司、鯛の造りも外せません。お客さんも、これがないとあかんと思ってはるみたいで」。こちらの気持ちを見透かしたように言葉をつなぐ。胡麻のねっとりとした粘度と風味を味わいながら、ふいに時の流れが軽やかになった気がする。主の軽妙な語り口がそうさせるのか。そんな空間の中で、時間を留め、溜め込んだように渋く光るものがある。開店当初はその存在感がひと際輝いていた。器である。

実は、西村さんの父君は大変な数寄者《すきもの》であった。息子を料理人に育てるのが夢であり、息子はそれにしっかり応えた。僕はてっきり道具に対する趣味も父親譲りかと思っていたが「器は、自分が開拓したもの」ときっぱり言い切った。

京都に戻り、開店準備をしていた頃のことだ。寺町二条の『三嶋』という道具屋の前で西村さんの視線を捉えて離さない器があった。無論、骨董である。十客揃っていた。それなりの値。「でも一客単位で考えたら、出せない額じゃない」と自分に言い聞かせた。「迷いはなくなり、それが、どんどんエスカレートして」今に至るという。したがって開店時の器がほとんど骨董という結果になった。

鯛と鯖寿司

大学を卒業後、西村さんが『東京吉兆』で7年間の修業を終え、祇園に店を構えたのはもう15年も前のことになる。京都での修業経験は一切なし、20代の若さ、そして祇園町南側でいきなりの開店。大きな話題を呼んだことは想像に難くない。「初めから独立は決まっていましたから」。とはいえ、京都で仕入れをするにはそれなりの繋がりが要る。「自分には何もないわけですよ。だから、毎日中央卸売市場に行き、ここだと思う魚屋で買い続けるしかなかった」と述懐する。本人はサラッと言うが、「買い続ける」ことの困難は、僕たちが考える以上である。自然の産物である限り、常に同じ条件で品物が供給されるわけではない。価格も質も毎日変動する。それでも「いい鯛を持っているというのが、京都ではいい料理屋の条件。だからこそ、そうするしかなかった」。しかし、30手前の若い料理人に、そう簡単に上玉を卸す店は少ない。「キャンセルしない。クレームつけない。言い値で買う」。若き西村さんにできるのはこの3点だけだった。しかし、同時にこの3点は、相手の立場を慮《おもんぱか》り、プロとプロの信頼関係を築くのに大きな貢献をすることになる。「気付いたら、自然にいい鯛を一生懸命集めてくれるようになりましたわ」。茶目っ気たっぷりの表情は実に明るい。

京都の料理屋ゆえ鯛は当然だが、開店当時から造りはマグロも出す。「なんでわざわざ」との声も多かった。「日本人って好きじゃない

ですか。それに旨い。いいマグロ食べると、いい気分になるでしょう」。器と同じように「いいものを」という想いは、魚の目利きにも重なる。他人よりも優れたものを使いたい。それは料理人でなくとも考えることだ。それを実行に移すかどうかは本人の意識でしかない。何を犠牲にし、何を得るのか。その判断を下すのもまた自分であるのだ。

ともあれ、お客さんが来なければ削るものが増えるばかりだ。そのために名物を作る必要がある。「『一よし』の鮎、『かんざし久』のオムどん、『浜作』の鯛、『松』の天ぷら、というような一品を作ろう」。その結果が鯖寿司であり、鯛の造りや胡麻豆腐である。名店といわれる店の鯖寿司を購入し、徹底的に比較研究する。あえて正反対のレシピを考え試作にふける。胡麻豆腐は『東京吉兆』時代に学んだ素地がある。その繰り返しが『にしむら』の名物を生み出すこととなった。

今でこそ、コースの中に寿司を組み込む店は多くなった。京都では、料理屋が鯖寿司を出すことは、むしろ当たり前のようにも思われる。カウンターと座敷という組合せも普通だ。でも、その土壌は、間違いなく西村さんが担ってきた部分が多いはずだ。彼の歩んできた道程は、京都の割烹の流れと呼応しているように僕には思える。

揺るぎない地位

造りを食べた。鯛は舌の上にぽってりと乗っかる旨みが大きい。鮪は鉄分の持つ香りが秀逸である。そして鯖寿司。見た目の美しさは言わずもがなだ。鯖が持つ脂分に塩が作用し、じんわりとした旨みを作り上げる。それを受け止める寿司飯とのバランス。これがまた丸く収まっている。艶めいて美しい。「最初の頃は、旨いものを出せばいいのだろうと思っていたし、そのような料理を並べたこともありました」。10年目が近づくにつれその意識は和《やわ》らぎ、ときには家庭で供されるような一品がコースに組み込まれるようになった。そして今、その流れも次第に収束し、季節感を重視したシンプルな献立が中心となった。「カラスミやアワビの肝といった、ここ一番の美味しいもんはやっぱり用意してますけど。僕も酒呑みやし」と微笑む。

　最近、器が輝き過ぎていないことに思いを寄せる。無論、使い込むことで柔らかさが増したともいえるだろう。しかし、それよりも料理と器の馴染みがよくなったのだと思うのだ。すべての調和が図られている。だからこそ食べたときに安堵し、それが安心感に変わってゆく。祇園で『にしむら』の揺るぎない地位を獲得したのかもしれない。だが「これからが難しいと思います。同じ場所に居続けるのは、簡単なことではないから」。剽軽《ひょうきん》な口調に強い意志が垣間見える。己を信じ、道を切り拓《ひら》く。その厳しさを知る人の瞳には、力強い光が宿っていた。（2010年6月号掲載）

祇園 にしむら

◆京都市東山区祇園町南側570-160 ☎075・525・2727 ㊢17:00～20:00入店 ㊡日曜 ㊇京阪本線祇園四条駅から ㊌5分 ㊮必要 ㋕不可 ㊖カウンター8席、座敷3室（2～12名）※座敷のみ喫煙可 ㊎おまかせ懐石のみ10500円～。日本酒1合840円～。※サ15%別。

（P229）

上／コースの合間に供される「ここ一番の美味しいもん」。上から酸味とまろみのバランスが見事な鮒寿司、磯の香がふっと立ち上り濃厚な余韻を残すアワビの肝、醤油で3～4日熟成させた鯛皮、香りと粘りが秀逸なカラスミ。下／歯を優しく押し返す弾力、ほのかな甘さ、かすかな粘り。何もつけず食すと、天然鯛の美しい味が実感できる。

「レストランは空間である」。

二人の想いが重なり店に共鳴する

カランドリエ

すべては皿の中に

同店が本誌に初めて登場したのは99年6月号のことである。オーナーシェフ・門口良三さんの鋭い眼差《まなざ》しを捉えた写真。それを改めて眺めながら、僕はその上に流れた11年の歳月

を思った。

取材当時、開店して2年が過ぎていたはずだ。シェフは神経質で、常に一点を見据えるような表情に特徴があった。メニューには、料理一品ごとに産地と生産者の名前が克明に記され、調理法が続く。このスタイルは、シェフが修業を重ねた東京・四谷にある『オテル・ドゥ・ミクニ』の三國清三さんの影響があったと思う。料理も精緻を極め、四隅をキチンと押さえた隙のないものであった。食べ手にまで張り詰めた緊張感を伝える皿とでも言おうか。三國シェフの薫陶を受けた料理人が初めて大阪にレストランを作る。その重圧はいかほどであったか、想像するに難くない。センシティブにならざるをえない環境だったのだ。

「あの頃は皿の完成度がすべてだと思ってました。余裕がなかったんでしょうね」。本人の述懐通り、シェフは「皿の中」に料理人としての全神経を集中させていた。

僕がここで食べ続け、その変化を最初に感じたのは開店後5年を過ぎた頃である。『メートル日誌』を作り出した頃ですね。スタッフに店で起こったことを全部書き込むように頼んだんです」。日誌を読み込み、スタッフとコミュニケーションを図る。厨房からは見えない部分を、見て知ろうとする。「店は皿だけで完結するものではない。空間やサービスを含めた全体の調和。分かっていてもできなかったことに、やっと手を付けられるようになりました」。シェフとしてだけでなく、レストランのオーナーシェフとしてどう考え行動するのか。5年という年月が、俯瞰的にものを考える余裕をシェフに与えたということだろう。

誰《た》がために

「第一印象は熱い男。想いにまっすぐで、何より自分に厳しい。この人とやっていこうと、そのときに決めました」。そう話すのは、この店を創り上げてきたもう一人の人物、メートル・ド・テルの森松善和さんである。シェフは語る。「レストランはサービスがあってこそ」。料理が美味しいのは当たり前。お客さんからも、サービスに感心したと褒められるほうが嬉しいというのだ。「森松は最初から支配人を務めてくれていますし、彼が若いスタッフを育ててくれる。本当にありがたく思っています」。

二人はここ10年ほど、毎年フランスを訪れている。パリはトランジットのみ。流行りのレストランを食べ歩くということもしなかった。「森松の希望を優先して、地方のワイナリーを訪ねるドライブ旅行ばかり。私は運転手です」と、シェフはそれでも嬉しそうに話す。ワイナリー探訪も一巡した今年は、ようやくパリのレストランに足を運ぶこととなった。13年間、職場で、旅の空の下で、二人はどれほどの言葉を費やしてきたのだろう。人は人と出会う。その邂逅《かいこう》を喜ぶだけでなく、どのような関係を維持し、何を生み出すのか。友情と信頼と理想と。二人の分かち合った年月こそが、『カランドリエ』を『カランドリエ』たらしめている大きな要因の一つだろう。

09年秋、開店12年目にして初となる大改装が行われた。オープン当時からあったバーカウンターは姿を消し、個室とウェイティンググルームが加わった。また、パウダールームが付いた女性用のトイレットも特筆に値するだろう。

「移転も考えました。でも、三休橋というロケーションも申し分なかったし、この場所で多くの方に可愛がってもらってきた思い出が最終的には勝ったのかな」。ここでも面白かったのは、「レストランはウェイティング、ダイニング、トイレットという空間が大事」とシェフが話したこと。改装するにあたって、料理人ならまず厨房のことを考えるだろう。そしてその結果を、僕たち取材者に伝えようとするのが通常である。だが、シェフの口から「厨房」という言葉は一切発せられなかった。どれほ

ど厨房が豪華で整っていても、お客にとっては運ばれた料理が旨いこと、過ごした時間の快適さのほうがはるかに重要である。誰のためのレストランなのか。その確固たる答えがシェフにはあるのだ。

僕が訪れるのは年に数回、ほぼ平日の夜に限られている。それでも決まって満席。これは大阪のフランス料理店では希少なケースであろうし、シェフの想いが受け入れられている証であろう。

優しさを添えて

今、メニューには生産地や生産者の表記はない。「食材を大切にすることと、それに縛られることは違う。その日の仕入れを臨機応変に使い、一番いい料理を作ることが大事」。あらかじめ決まったメニューをサービスがもう一度説明した開店当初とは異なり、今は森松さんをはじめとするフロアスタッフが即興の料理に対応してくれる。素材の来歴や調理法などを、書かれた言葉ではなく生きた言葉としてテーブルに伝えてくれる。料理人にとってこれほどありがたいことはないだろう。

そして、料理もかなり変わった。かつてのような幾何学的な緻密さは影を潜め、むしろ大らかさが見え隠れする印象を残す。メインで食したビゴール豚。素材の良さは言うまでもないが、この脂身の旨さは格別であった。適切な火入れが脂分を溶かし、その旨みが肉質に大きな変化を与えている。豚肉だからと火を入れ過ぎない、そのしっとりとした口あたりには、思わず笑みがこぼれてくるほどであった。皿が「さあ、食べてください」と言わんばかりのエネルギーを発している。これをシェフのスタイルの変化とみなすも良し。僕は、レストランとしての在り方が確実に変わった結果と捉える。

最近、シェフの表情には余裕が感じられる。幾分ふっくらしたということもあるが、そこから滲み出る優しさが加わった。レストランに望むものは料理だけではない。そこで過ごす時間の美しさが必要である。テーブルを飾る皿を軸として、サービスを司《つかさど》る人との信頼関係、共有する想いが重なり、その日だけの円周が描かれるのだ。料理、サービス、インテリア。どれを取っても、ここは見事な軌跡を残す希《け》有《う》な一軒である。

（2010年7月号掲載）

カランドリエ

◆大阪市中央区本町3-2-15 小原3ビル1Ｆ ☎06-6252-5010 (営)11:30～14:00(止)、18:00～21:30(止) (休)月曜 (交)地下鉄各線本町駅から(歩)5分 (予)必要 (カ)ほぼすべて可 (席)テーブル22席※全席禁煙 (個)1室（1～8名、※室料は要問合せ） (金)昼コース4500円～、夜コース8000・10500円、前菜2400円～、メイン3200円～。Gワイン・シャンパン1500円、Bワイン4500円～。※サ10%別。

(P235)
上／取材日の夜のコースから。カナダ産オマールエビの冷製オードブル。3種のパプリカ、ピーマン、ズッキーニと、オマールの下にキャビア ドーベル ジーヌが潜む。下／フランス産仔鳩のロティとその内臓のファルス パートフィロー包み3500円はアラカルトでも注文可能。

香港麵専家 天記

転機を機転で乗り越えた
主の精神はまるで香港麵のよう

突然の転機

かれこれ20年ほど前のことだ。僕はJR新神戸駅と直結するショッピングゾーンのプロモーションに関わっていた。音楽やファッションのイベント企画が中心で、そのとき出会ったのが、当時学生アルバイトとして参加していた東堂育己さんであった。彼は卒業後、広告代理店に就職し、そこでも何度か一緒に仕事をした。家業が神戸の中華料理店だということは知っていたが、そのときは後に自分が通い詰めることになる店の主になるなど、予想だにしていなかった。

東堂さんの転機は突然であった。95年1月17日未明、神戸を襲った阪神・淡路大震災で、実家の中華料理店『東明閣《とうめいかく》』が入っていた居留地のビルが倒壊。移転を余儀なくされたのだ。同年夏、中山手で店を再開することになり、東堂さんはホール担当として家業に戻ることとなった。「いつかは、と思っていましたが、そのときが予想外に早かった。戸惑いつつも後はやるしかなかったですね」と、当時を振り返る。

人生に「もし」はないが、このような転機を迎えた人は、あの年、少なくはなかっただろう。

再開後まもなくして『東明閣』を訪れたときの印象はくっきりと残っている。スーツ姿でピシッと決めた東堂親子が僕を迎えてくれた。その際、父上が今後のビジョンを語り、東堂さんが横でにこやかに対応していた姿が印象的であった。これで彼も実業の道に歩むのだと思った。4年後、父上から「香港麺の店を作った」という頼りが届いた。それが、東門通の中にあった『香港麺 天記』である。それまで関西で出合ったことのない細麺と平打ち麺。特にオイスターソースを絡めた平打ち麺は強烈なインパクトがあった。

まず、オイスターソースの香りが鼻腔をくすぐり、食欲を煽《あお》る。次に麺。ソースの味が絡みながらも、小麦の味がくっきりと際立っており、喉元を過ぎる頃にはしなやかな旨さとなっている。この衝撃的な感動を、当時の僕は人に会うたび伝えずにはおれなかった。

独学の調理人

「『東明閣』を閉め、『天記』を移転しました」。それからしばらくして東堂さん本人から連絡が入った。02年のことであった。すぐに訪れた店では、なんと彼が香港麺を調理していた。ホールから厨房へ。その変貌に驚きつつも、話を聞く内に期待感が膨らんできた。

まず、以前からのコンセプトを改めたという。ターゲットを女性にし、飲み屋街の東門から昼間、人通りの多い南京町の近くに移った。そして、スープの見直し。それまでは豚骨をメインにうま味調味料も使っていた。確かに、一口めのパンチ力はあるが、健康・素材志向という時代の流れに抗していたのも事実である。それを、豚肉の赤身と乾物3種類から取るスープに変えたのだ。うま味調味料を排除した味わいは、いささか物足りないという人たちもいたが、南京町は夜がメインのエリアではない。まだ酒で痺れていない、クリアな舌で人は食事をする。昼から夕方までの時間帯を中心にメニューを組み立て、店内も女性が一人で入ることに抵抗の少ないインテリアにした。人を他に雇う余裕はないから、調理と接客をすべて一人でこなすための動線と効率を徹底的に考えたという。

その一つが、麺の水気を飛ばす機械の導入だ。茹で上がった麺は、ざるに入れて手で水気を振り切るのが一般的だが、そのためには何度も腕を上下させなくてはいけない。この作業は腰に負担をかけるし、腕は腱鞘炎になる。「味も大事。でも、一人でやっているから、身体も大事。長く続けるためにも、便利なものは取り入れようと思って」。最初は、麺を機械に入れて水分を一気に吸入するものを。今は、麺の上から多量の風を送り、水分を飛ばす種類に変えた。このおかげで調理時間の短縮と身体への負担を軽減できたという。

僕は彼の分析能力の高さと、それに従う計画の緻密さに感心した。だが何よりも、料理人ではなかった東堂さんが一人で調理をこなしている姿に強く打たれたのだ。

「基本は『東明閣』の料理人に教えてもらっ

て、後は独学です。とにかくたくさん本を読み、それを実践する。その繰り返しでなんとか……」。そう語る表情は真剣そのものので、独学という言葉の裏には、かなりの努力というよりも、勉強の深さが隠れているように思った。つまりは、そう感じさせるほどの味わいであったということだ。香港麺の旨さはそのままだが、クリアなスープの力によって、より小麦の香りや味が際立っていた。

一生の仕事として

メニューは基本の汁そばと和え麺。そこに餃子と丼が加わる。「7席のカウンターと4席のテーブルを一人でこなすためには、これが限界です」。だが、季節によってスペシャルメニューが登場する。春には、芽吹きを思わせる初々《ういうい》しい香りの花山葵《はなわさび》と蒸し鶏の和え麺が登場する。この花山葵の辛さと苦みが、鶏にも麺にも深みを与えるのだ。夏場の香ばしい胡麻だれ冷麺も僕のお気に入りだ。秋には汁なし担々麺を作っていたが、今では通年メニューとして供されるようになった。

広告屋から経営、そして実践へ、思わぬ方向へ舵《かじ》を切った実感を問うと、「食べることに対する情熱が、どうも最優先されるみたいで。というか、それがほとんどなんだということにようやく気付きました」と笑う。営業中でも客足が途切れたら料理雑誌を読み、情報を仕入れる習慣が、彼という人の本質を物語っているようにも思える。

「無理せずマイペースで。やれることしかやりません。短期決戦ではなく、一生をかけて続けていく仕事ですから」。常に前進することを念頭に置きつつも、ペースを差配する余裕。これはプロフェッショナルとしての自覚であろうし、スタートからゴールまでを最短距離で駆け抜けるには、どういった段取りが必要かを的確に摑んでいるということだ。これは、わずか数年でも、広告代理店で働いた経験が生かされているに違いない。

「日々の暮らしも合理的です」と語る彼の、無駄のない調理風景と比類なき香港麺の味に惹かれて、僕はこれからもこの界隈に足を運び続けるのだろう。

（２０１０年８月号掲載）

香港麺専家 天記

◆神戸市中央区元町通1-9-2 ☎078·391·5151 ㊋11:30～20:00（売切れ次第終了）㊡水曜 ㊛各線元町駅から㊌3分 ㊕不可 ㋕不可 ㊯カウンター7席、テーブル4席 ※全席禁煙 ㊎青菜漬麺650円、汁なし担々麺850円、鉄鍋餃子400円、蒸し鶏丼150円。瓶ビール小400円、甕だし紹興酒G400円。

(P239)
左上／オイスターソースとネギ油でサッと和えた麺に、蒸し鶏をのせた蒸し鶏和え麺750円。右上／香港麺は2種類。手前は和え麺用の平打ち麺。幅は4㎜。奥は汁麺用。幅は1㎜。相方茹で時間は1分程度。右下／定番のえびワンタン麺850円。豚とエビのミンチにぷりっとしたエビを包んだワンタンが美味。左下／麺を茹でてから料理が客に届くまでおよそ3分。完璧に計算された無駄のない動きは鮮やか。

イタリアを愛する愚直な想い。
その淀みない姿勢が料理にも

イタリア料理
カーサビアンカ

2代目の誕生

「今日の取材、息子を同席させてもいいですか」。オーナーシェフの那須 昇さんはそう切り出した。横には眉目秀麗と呼ぶに相応しい好男子が立っている。「この間、結婚したばかりで。今後はこういうことも勉強させなくてはと思いまして」。雨が降り続く鬱陶しい土曜日の昼下がりのことである。しかし、この台詞を耳にして、僕の気持ちは一気に明るくなった。

京都、いや関西でもイタリア料理店で2代目が誕生しているところは数少ない。というよ

り希有な存在である。つまりイタリア料理やフランス料理は起業であって家業ではないのである。それほど我が国での歴史が浅いということだ。だからこそ、那須さんは息子・嵩之さんにかける期待が大きい。それは自分の店を守るという意味だけでなく、京都のイタリア料理界の今後に与える影響の大きさも考えてのことであろう。

那須さんは、その料理人人生において常にストレートな人である。ストレートとは愚直とも言い換えられるだろう。料理でいうならば、僕の大好物・仔牛のカツレツミラノ風。このオーダーが通ると、しばらくして厨房からトントントンと肉を叩く音が響いてくる。オーソブッコ、サルティンボッカ、トリッパの煮込み……。最近、特に京都のレストランでは供されることが少ないメニュー同様に、彼の地の〝定番〟を頑なに作り続ける。「これが僕のイタリア料理だから」。言い切る強さが目映《まばゆ》い。

カツレツを食べる。限界まで薄く叩き延ばした肉が、サクッとした歯ざわりの衣に包まれている。ジューシーな旨みが弾けるというのではなく、噛むごとに仔牛の滋味が少しずつ広がっていくという感じ。懐かしさより、どこか愛《いと》おしい食感と味わい。このメニューを思い浮かべると、僕は反射的に那須さんの顔を思い出すほどだ。

地の食材を使って、京都ならではの料理を作る「京都イタリアン」というカテゴリーがある。「その成功によって京都のイタリア料理界が活気づいた。素晴らしいことだと思います。ただ、僕が目指している世界は別のところにある」。その台詞には淀みがない。「もちろん、京都の食材は使います。でもそれがメニューに書かれることはないし、メインになることもない。あくまで付合せとして使うぐらいかな」と付け加えた。

愛しのイタリア

那須さんがイタリアに魅せられた理由。それを、彼の料理人人生から繙いてみたい。

料理の世界に足を踏み入れたのは高校時代。西陣の洋食屋でアルバイトをし、高校卒業後、調理師専門学校に通った。そしてフランス料理店に半年、運命の出合いは京都の『フクムラ』というイタリア料理店である。ここからイタリア一辺倒の人生になる。『フクムラ』で次第に頭角を現し、オーナーの勧めもあり『チポラ』という店のシェフとなる。それが80年代半ば、那須さんが30歳を迎える以前のことだ。日本経済はバブル期前夜を迎え、店も順調。取材が増え、さらにお客が増える。何をやってもうまく事が運ぶそのときに、「オレのやっている料理は本当にこれでいいのか。観光でしか訪れたことのないイタリアの何を知っているのだろう」と自問自答を繰り返す日々が続いた。売上げが右肩上がりになればなるほど不安がついて回る。家族は妻と子どもが2人。しかし、日本での安定よりも「現地に行って、自分の言葉で語れる何かを見つけたい」と渡伊を決意、半年ほどで家族を呼び寄せ、イタリア各地で仕事をした。基礎はあるから、目にするもの、触れるものすべてを自らの経験や技術、知識として積み上げていける。現地でも重宝されるが、本人は「シェフ

になりたいのではなく、勉強したい」の一心。地域性やシェフの個性によって色を変えるイタリア料理の世界を見習いの立場で見つめ続けた。4年半後、「キリがないから、ひと通り学んだと自分を納得させて」ようやく帰国を決意したという。

「イタリアが気に入った理由は、〝人〟に尽きます。レストラン関係者はもちろん、家族も一緒だから子どもの幼稚園や学校で知り合った家族も皆。僕は性格が明るいほうなので、誰とでもうち解けることができた。出会った人を通じて、イタリアという国や料理の本質に触れられたと思っています」

存在証明として

自分の大好きな〝イタリア〟を、料理を通して伝えたいというのが、前述のメニューの数々であり、那須さんの存在証明なのである。今も年に1～2回は必ずイタリアに行く。「1週間ほどの滞在の後、帰国の段になって皆が『今度帰ってくるのはいつ?』と聞いてくれる。それが嬉しくてしかたがないのです」と子どものような笑顔で話してくれた。

ストレートという表現がここでも思い浮かぶ。取り繕うことなく、裸になってコミュニケーションを取っているのだろう。そう考えると、料理へ取り組む姿勢までもが、一本の糸で繋がってくる。

また、「料理の世界に入ってからは、休日に家で食事をした記憶がありません」という。料理人の鑑《かがみ》である。食べ歩くことは、自らの料理を客観的に見つめ直すことでもあるし、新しい世界に魅せられることでもある。「うちは月曜が定休日。だから出掛けた先が満席だと悔しい」。気持ちの発露が実にシンプルである。そして、食べ歩きを重ねても、ミラノ風カツレツやオーソブッコに執着する。これはもう那須さんの信念なのだ。

「僕は、ある程度仕事ができるようになってからイタリアに行ったのが良かった。真っ白の状態で行けば、モノになるまでに時間がかかるし、外国に行けばいいというものでもない。今の時代、基本はどこにいても学べる。それなら、自分が何を目指すのか、何を求めて現地へ行くのかしっかり分かってから行ったほうがいいです」

嵩之さんは今27歳である。彼がイタリアへ旅立つ日は未定だが、その日は訪れる。そして、彼がその修業から帰ってきたときにこそ、那須さん親子の第2ステージが幕を開けるのだ。どんな舞台が続いていくのか、僕だってわくわくする。夢見ることの愉しみを与え続けてくれる那須さん。そのチャーミングな笑顔と同じように、この店の未来もきっと曇りがないだろう。


（2010年9月号掲載）

イタリア料理
カーサビアンカ

◆京都市上京区今出川通寺町西入ル大原口町214 ☎075·241·3023 ㊒12:00～14:00㊤、17:00～21:30㊤ ㊡月曜（祝日は営業、翌日休み）㊇地下鉄烏丸線今出川駅から㊕8分 Ⓟ3台 ㊮ベター ㋕ほぼすべて可 ㊞カウンター4席、テーブル50席（車椅子応相談）※全席禁煙 ㊎ランチコース1900～4200円、ディナーコース6000円～。アラカルト1800円～。Gワイン700円～、Bワイン3900円～。

（P247）

上／ヴェネト州のパスタ・カッスンツェイに那須さんのアレンジを加えた一皿1900円。ジャガイモのピューレとゴルゴンゾーラチーズを詰めて、ビーツのソースでいただく。下／薄く延ばした肉を少量の油で揚げ焼きにするイタリア伝統的手法を踏襲したミラノ風カツレツ2600円。

人と人の〝出逢い〟と〝記憶〟が
唯一無二の空間を創る

伽奈泥庵《カナディアン》

憧れの人

店は地階にある。それでも窓からは陽光が入り込み、店内を鈍く染めてゆく。というのも坂道の中腹に店が建っているからだ。光を取り込む窓の外は墓地である。場所は谷町8丁

目の交差点近く。周辺は寺の多い界隈である。

今の場所に移ったのは1980年のこと。すでに30年の歳月が流れている。店内は小さなカウンターと小学校の椅子と机を組み合わせたテーブル席、そして壁際には小上がりまである。アジアのどこかの街にある小さな店のようなやや埃っぽいというか、湿り気などを感じてしまう。開店当初、床には土が敷かれ、天井からは布が吊るされ、土着という言葉がぴったり当てはまる空間であった。おまけに入口の側には銅鑼《どら》が置かれ、時折大きな音が鳴り響く。初めて訪れた客などは度肝を抜かれた表情をしていた。

「馴染みのないお客さんはほとんどびっくりするか、怒っていましたね。でも、それが泥庵《でいあん》さんの狙いだったんです。カウンターに石臼を置いて、チャイに使う茶葉をそれで挽くパフォーマンスめいたことをしていたこともありました」。店主の山田美樹さんは当時を思い起こしながら話す。

実は僕は、30年以上も前に美樹さんとネパールに旅をしたことがある。20人強のグループで往復の飛行機と到着時のカトマンズのホテルだけが一緒というツアーであった。また、前年には当時の店主・山田泥庵さん（その頃は育宏さんという名であったが）とスリランカに旅をした。これも往復の飛行機と、旧首都・コロンボのホテルだけがセットで、あとは自由行動。僕には初めての海外旅行であった。「門上くん、夏に紅茶を飲みにいかない？」という山田さんの言葉に「行きます」と、行き先も聞かずに即答したのは、僕にとって憧れのマスターであり、アジア茶、とりわけチャイの魅力を伝授してくれた人物の誘いを断っては失礼だと思ったからであった。

アジア礼讃

この時代、『伽奈泥庵』は南森町にあった。「最初はカナダ料理の店だからカナディアン。でも山田さんがインドに行って、いっぺんにアジアにかぶれて、アジア茶の店に変えてしまったんです」。南森町では14年営業を続けた。そして1年間のインターバルを置いて、現在の地へ移転したのだ。

南森町時代もアジアンテイストは満載であったが、今の場所は「アジア茶を飲むならこの雰囲気しかない」という泥庵さんの意識と美学に満ちあふれ、理解せぬ者を遮断する空気すら漂っていた。

谷崎潤一郎に『陰翳礼讃』という著書がある。そこに「あれ（羊羹）を（中略）、肌の色が辛うじて見分けられる暗がりへ沈めると、ひとしお瞑想的になる。人はあの冷たく滑らかなものを口中にふくむ時、あたかも室内の暗黒が一箇の甘い塊になって舌の先で融けるのを感じ（以下略）」という件《くだり》がある。羊羹が暗がりならチャイはこの店内で飲むのが本質だと、泥庵さんは語りかけているようにも思えたのであった。土を持ち込む、染め布をふんだんに使う、古木をちりばめるなど、あの頃、店の中は普通の建築家ではおよそ思いもよらぬ発想に満ちみちていた。

スリランカ、ネパールの旅を皮切りに、その

後何度か70年代から80年代にかけてアジアを旅した。そしてチャイを飲んだ。狭い路地で、地面そのままに小さく火を熾《おこ》し、小さな鍋でチャイを作る店主の一杯。やたら甘いのだが、旨い。そんな記憶を辿《たど》ってゆくと、泥庵さんがどのような風景を見てチャイを味わい、アジアに思いを馳《は》せていったのか、少しずつその気持ちに近づいていく。

泥庵さんは美術系の学校を卒業し、版画を作っていた。決して料理の修業経験があるわけではない。彼はアジアを旅し、自ら飲み、食べた味の記憶を頼りに『伽奈泥庵』のチャイを、カリーを作り上げたのだ。店作りのセンスだけではなく、供されるメニューの隅々に至るまで、泥庵さんの類まれなる才能は惜しげなく披露されていた。
　関西のチャイの歴史はここから始まったと言っても過言ではない。

蘇る記憶

　その泥庵さんが逝ってから16年が経つ。いま、美樹さんと息子の宏樹さんが、店をしっかり受け継いでいる。30年の間に土は撤去され塗り固められた。「土埃というか砂埃がなくなっただけでも仕事は楽になりました」と美樹さん。雰囲気は幾分ゆるやかにはなったが、今でも十二分にアジアを満喫できる。「ライブや展覧会もかなり企画しています。カフェでそういう試みを始めたのは、うちが最初じゃないですか」と、父親譲りの美男子である宏樹さんが話す。「井戸水。寺町。のんびりした雰囲気。ということで父はこの場所を選んだらしいですが、僕は、その〝らしさ〟を守ってゆければいいと思っています」。

　チャイの種類も増え、メニューも多くなった。だが、チャイの味わいは今もって鮮烈である。茶葉の香りはしっかり残り、決して渋みが立つわけではない。ミルクとの出合いでまろやかさも見事である。カレーも同様だ。スパイスの香りは利いているのだが、辛みが際立つわけではない。後味はむしろ爽やかといったほうがいい。「茶葉はケニア産のものに変えましたが、チャイの作り方は変わっていません」と美樹さんが話すと、「小さい頃からずっと横で見ていましたから、割とすんなりできるようになりました」と宏樹さんが受ける。現在、昼は美樹さんの担当、夜は宏樹さんが受け持つ。実によどみなく店は受け継がれている。

かれこれ37年ほど僕はこの店に通っている。そしていまさらながらに、泥庵さんのプロデューサーとしての能力の高さに驚きを隠せないでいる。いかにもアジアのどこかに存在する店であろうと思わせる魔力。それに魅せられた人たちは多いはずだ。決してプロダクトとして作られたのではない空間に身を置くと、僕は自分の記憶がはっきりと蘇《よみがえ》ってくるような気がする。そんな力を及ぼす店は、関西に多くない。

（2010年10月号掲載）

伽奈泥庵《カナディアン》

◆大阪市中央区中寺町2-1-64 プリマベーラ谷町B1・1F ☎06・6764・6483 ㊔12：00〜24：00㊡ ㊡火曜 ㊇地下鉄各線谷町九丁目駅から㊙6分 Ⓟなし ㊃10人以上は必要 ㋕不可 ㊖テーブル50席、スタンディングあり※喫煙可 ㊎ランチ850円〜、ホウレン草とチキンのカレー950円、チキンサモサ680円、ゴイクン780円、ケーキセット650円。生ビール中450円、コロナ600円。

（P253）
上／ケニア山北東山麓に暮らすメルー族の小規模生産者が摘んだ茶葉から作られるチャイ450円。下／15種類のスパイスを使ったチキンカリー950円。山盛りのチキンカツはジューシーで柔らか。

生来の優しさと謙虚さを持つ
主が醸す料理に惹かれる

シェ・ローズ

固い結束

ほぼ1年前のことだ。神戸のフランス料理店『オルフェ』で「ジャン・ムーランの同窓会」というイベントを行った。『ジャン・ムーラン』とは、北野にあった伝説のレストラン。オーナーシェフの美木 剛さんは02年、54歳にして潔く引退したのであった。

実は数年前、美木さんの還暦祝いに、同店の卒業生が多く集まって料理を作り、凄い盛り上がりをみせたと耳にしていた。その再現を企てた僕は、美木さんに相談をもちかけたの

である。すると「『シェ・ローズ』の佐藤がＯＫと言えばやってもいいよ」という返事。早速連絡すると「それ面白いですね。やりましょう。みんなに相談します」ということで開催が決まり、60席の定員、昼夜2回興行は数時間で完売。キャンセル待ちが出たほどで、もちろん当日は大盛況であった。

『ジャン・ムーラン』は約28年間の営業で60人を超えるシェフを輩出し、そのうち50人近くがオーナーシェフとして活躍している。これは驚異的な数字であり、その兄貴分が佐藤義明さんなのだ。つまり美木さんが信頼し、卒業生たちが慕う人物というわけである。これまでも多くの店と料理人の関係を見てきたが、ここまで結束が固く、師匠と付き合いが続くケースは非常に稀である。

余裕と居心地

佐藤さんは、20歳で辻調理師専門学校フランス校を卒業した82年、そのまま『ジャン・ムーラン』に入った。それから独立する97年まで、途中3年ほど別のレストランに籍を置いたが、あとは同店一筋。最後の2～3年はメートル・ド・テル、つまりフロアでサービスを担当していた。それまで副料理長を務めていたが、スタッフが辞し、サービスのパートが手薄になった。独立を決めていた佐藤さんは、サービスを知ることも必要と「表に出ましょうか」と自ら美木さんに提案したという。

僕は何回も佐藤さんのサービスで快適な時間を過ごした。最大の特徴はこぼれんばかりの笑顔。そして料理に対する的確な説明であった。また、会話の中で好みを巧みに聞き出す話術にも長けていたし、相槌を打つタイミングも見事であった。つい口が滑って、他のレストランで食した料理のことをあれこれと話したこともある。会話そのものが楽しい。そういう印象を与える人物であったのだ。

そんな佐藤さんが独立を果たす。開店まもなくして出向いた小さな店は和やかなムードに満ち、料理は大皿からはみ出さんばかりに食材が盛り込まれていた。「とにかく突っ走るのに精一杯でした。余裕なんてまったくなかったです」。

35歳の独立である。若さが生み出す「勢い」を食しながらも、皿の上に美木さんの影響がチラチラと過《よ》ぎっていたことも覚えている。特に前菜、魚介を使ったサラダ仕立てには、魚の盛付け方などにそれを見ていた。

しかし13年も経過すると、確実に佐藤さんの料理となり、レストランとなっていく。知識と時間の集積、そして今を生きる時代感覚が余裕を生み出すのであろう。例えば盛付けは、時代とともにシンプルになってゆく。だが、皿の中での味わいは、凝縮されたソースの味わいがより食材の持ち味にインパクトを与える。つまり、見た目はシンプルだが、口に入ったときの爆発力はパワーを増していたりするのだ。これがベテランならではの直球かと感心してしまう。

「一皿のインパクトよりコース全体を料理と考える。皿とその上を流れる時間でまとまりを見せる。今ならたとえ初めてのお客さまであっても、その方の好みや注文にきちんと応

えられるし、ご満足いただける気がします」という言葉に、佐藤さんの手にした自信を見る。とにかく、ここで過ごすと気持ちにゆとりが生まれ、落ち着くのである。その理由こそが、13年かけて佐藤さんが創り上げた世界の居心地なのであろう。

優しき人

「独立してからずっと自分に課してきたことが食べ歩きです」。店には多くの料理人が訪れる。そして、その縁をきっかけとして佐藤さんは他の店に出向く。休日である月曜日をその日として、13年の間続けられたレストラン行脚がもたらしたものは何であったのか。「自分の知らない情報や技術、料理に対する姿勢などを見たり聞いたりするたび、いつも頭を打つんです」と笑う。「謙虚でいなさいと、いつも美木さんに言われているから余計」。はにかむ顔に、兄を慕い続ける少年の面影が兆《きざ》したのは、僕の思い過ごしではないはずである。美木さんという人物のエピソードを交えながら自らを語る。強烈な師の個性、言葉、存在。それらと自分は切り離すことができないという想い。その意識が佐藤さんの個性を形作っている。

今心がけていることは「健康管理。どれほどの素材を揃えても腕があっても、そうでなければいい料理を出すことなどできません」。もっともである。「それに、最近季節がずれてきているでしょう。できるだけ自分の目で見て、口に運び、生産者や場所のはっきりした食材を使いたいです」。優等生に近い発言が飛び出てくるのに、違和感もなくこちらの胸にすっと響いてくる不思議。それが佐藤さんのキャラクターであったなと思い出す。一方で、「気に入った場所があれば、新天地で頑張ってみたいという想いは常にあります」とアグレッシブな意気も聞いた。「軽トラを屋台に改造して、フレンチ風タコ焼き。魚のコンソメで明石風なんて、ご当地B級グルメにも挑戦してみたい」。様々な夢が人の胸中には宿っている。声高に語られることはないが、ひそやかに育まれているそれらにふれたとき、僕は宝物を探り当てたような高揚を感じるのである。

人と人との繋がりがいかに大事なものであるかを考える。佐藤さんにとって美木さんがそうであるように、次の世代は佐藤さんの背中を追いかける。「僕が成功しないと、後が続かないと思っていましたから」。独立前夜、子どもたちの顔を眺めながら不安で眠れなかったと話す優しい人の心には、気にかけるべき人の存在が多くあった。そして今も、その心には共に働くマダムやスタッフへの限りない感謝と信頼の念が宿っているのを、僕は確かに聞いた。

（2010年11月号掲載）

シェ・ローズ

◆神戸市中央区山本通3-7-25メゾントーア1F ☎078·242·1014 ㊔11:30～14:00㊤、17:30～21:00㊤ ㊡月曜（祝日は営業、翌日休み）㊯各線元町駅から㊸10分 Ⓟなし ㊮ベター ㋕不可 ㊢テーブル18席※全席禁煙 ㊎ランチコース3360·4725円、ディナーコース5775·8400円。Gワイン945円～、Bワイン4725円～。※サ別。

（P259）
上／料理は夜8400円のコースから。淡路産ワタリガニを使った魚介のサラダ仕立て。身を軽く蒸してからミソと共に甲羅に入れて、仕上げに柑橘類を振りかける。下／魚料理は、アコウと松茸のパートフィロ ポルチーニ茸のプディングと冬野菜を添えて。サクッと薄いトウモロコシのペーパーの中から、香りが立ち上り、ほろりと旨いアコウが絡みつく。

息子が継いだのは、父の技と心、そして生き様

すみれ寿司

寿司屋の本棚

藤原新也「メメント・モリ」、藤井誠二「殺された側の論理」、勝谷誠彦とムーブ！「まだまだ知られてたまるか！」、上田紀行「ダライ・ラマとの対話」、宮崎哲弥と藤井誠二の共著「少年をいかに罰するか」などが、寿司を握る店主・高橋秋水さんの後ろにちらちらと見える。わずか8席の小さく狭い店。京都は河原町通から木屋町に抜ける路地沿いの寿司屋の風景とは、およそ想像もつかない。

僕がここに通い始めて十数年が経つ。そして、

病を得て現在自宅療養中の父君・寛治さんから秋水さんが店を引き継いで7年が過ぎようとしている。「父はマルクスやレーニン、ゲバラ、トロツキーの本を熱心に読み込み、キューバこそが理想の地だとよく話していました」。そう言って秋水さんは、後ろの棚からゲバラの本を一冊取り出した。

かつて、寛治さんからは武勇伝をよく聞いた。舞台は50〜60年代の学生運動華やかなりし頃。内容から推察すると、筋金入りの活動家であったのだ。そんな人物がなぜ寿司職人になったのか僕は知りたかった。通い始めて数年が経った頃、「当時、学生運動で捕まった人間を雇ってくれる店なんてなかったけど、『すみれ寿司』の大将が拾ってくれて」。別の話題の最中に、呟くようにぼそっと教えてくれた。

寛治さんは立命館大学の学生であった。リベラルで知られた民法学者の末川 博氏が学長の時代である。「末川さんには何度助けてもらったかしれません」。この台詞はよく耳にした。当時の警察には末川さんの教え子がたくさんいた。自分の学生が逮捕されたと知ると、末川さんは警察まで出掛けてこう言う。「学生を逮捕したようですが分かっているんでしょうね」。すると数日後、釈放される。その繰り返しだったという。論理と義理、人情が入り混じっていた時代を物語るエピソードである。

三種の神器

「あそこの鯖と穴子はほんまに旨いですよ」。そう言ってこの店を教えてくれたのはフランス料理のシェフであった。確かにどちらも秀逸であったが、そこに僕はネギトロを加え、「すみれ寿司三種の神器」と仲間に喧伝した。〆加減と香りの魔力に魅せられた鯖、口の中で溶けて蜜のような甘みを呈する穴子、トロの脂分が甘美でネギの辛みと絶妙のコントラストを醸すネギトロ。それらを食すため暖簾をくぐるのが楽しみであった。だがそれも束《つか》の間。過激な活動家で「家には万巻の書がある」が口癖、当時から現在に至る学生運動の歴史を聞かせてくれる寛治さんという人を知るにつれ、次第にこの店が寿司屋以上の、特別な存在に変わっていったのである。

寛治さんより一世代下ということもあるが、別段僕は学生運動に身を投じた人間ではない。しかし、周りには結構過激な活動家もいた時代を学生として過ごしている。それゆえ、若者がやんちゃであった頃の話を聞くのが楽しかった。店は、時としてさながら「朝まで生テレビ！」のような論壇の場になることもあった。寿司を食べながらいろんな世代の客が自由に意見を交換する。だが、最後に結論めいた一言を発するのは寛治さんの役割であった。その大将が病に倒れ、秋水さんが後を引き継いだ。昭和36年から平成15年まで、40年以上続いた『すみれ寿司』は新たな世紀に入った。

職人を生きる

秋水という名前は、かの幸徳秋水から頂いたものである。「最初は親父の後を継ぐつもりはなかったんですが、やっぱりそういう運命にあったんでしょう」。寛治さんが倒れる10年前から、秋水さんは少しずつ店を手伝っていた。「寿司のことなどあいつには絶対教えない」と言っていた大将も、常連には「だんだん味が似てきた」と嬉しそうに語っていたという。昔気質《むかしかたぎ》の職人らしい表現である。

いつものごとく鯖、穴子、ネギトロを食べる。鯖や穴子の印象が違う。「少し感じが変わりましたよね」と聞くと「このごろのお客さんは、淡い味わいを好まれるので」との答え。鯖の〆加減はかなり塩分控えめ、穴子の柔らかさや甘みの出し方も淡泊になった。食した感覚は大きく

異なるが、旨さや食後の余韻は変わらない。むしろ以前より分量は多く食べることができるかもしれない。

時代と共に食べ手の嗜好も変わる。そして、それに呼応するのが職人の仕事である。名物のネギトロは白ネギを使う。だが、秋水さん考案のネギ鯖は青ネギとショウガを使う。また炙《あぶ》りの勉強も重ね、メニューも増えた。マグロも煮切り醤油を付けて出すなど、2代目の色合いが濃くなってゆく。秋水さんの寿司しか食べたことのない客が増える一方、僕のように双方の味を知る人間もまだまだいる。僕より年配で、大将と議論ばかりしていた諸先輩方。

「実は昨年の大晦日に、親父がどうしても店に出たいというので連れてきて少しだけ居てもらいました。常連さんも喜んでくれて」。秋水さんが続ける。「年に何度か〝親父の日〟みたいなのを作れるといいんですが。ほら、親父って説教好きだったでしょう。あれを聞きたいという声も強いんです」。

男気が強く、過激な面と共に人を大切にする優しさを持ち続ける寛治さん。そんな父親の背中を見て育った秋水さん。気がつけば襲名も無事終わり、2代目の芸風が伝播されるようになってきた。家の十八番《おはこ》を軸として、初代には初代の、2代目には2代目の型と美があり、それぞれの観客が付いていく。この継承を目撃者として眺めていると、いかなる時代になっても「職人を生きる」という人生があり、それは人を貫く哲学であるようにも思えて、僕は羨ましささえ覚えるのである。

わずか8席のカウンターに刻み込まれた歴史

は、これからも変化を繰り返し続いていくだろう。そして、それを見続けてゆくことも僕の楽しみなのである。

（2010年12月号掲載）

すみれ寿司

◆京都市中京区河原町通蛸薬師東入ル ☎075·211·1089 ㊎18:00～翌2:30㊤ ㊡月曜（祝日の場合は営業）㊫阪急河原町駅から㊌5分 Ⓟなし ㊯ベター ㋕不可 ㊚カウンター8席※喫煙可 ㊎にぎり1カン500円、盛合せ（8カン程度）3000円～、おまかせにぎり5000円～。瓶ビール大1000円、日本酒1.5合1000円。

（P265）
上から／つややかな色もご馳走の鯖はそのままで。柔らかな身をほんのり甘く炊き上げた穴子。脂ののったトロをたっぷり叩いて白ネギと合わせたネギトロ1本3000円。皮と身の間がいちばん美味しい鯛は湯霜で。カンピョウ巻きは京都人好みのジュッと染み出る甘さが美味。

創作串を究める職人は
洞察力で料理に対峙する

豚《とん》珍《ちん》串《かん》

強烈な出会い

先日久しぶりに新世界のジャンジャン横丁を歩いた。『マルヤス』という革ジャン屋、『王将』と大きな文字がどんと鎮座する将棋処。遠い昔、すぐそばに弓道場があった。Zゲームというビンゴゲームの原型のようなゲーム場もあった。食いしん坊の仲間との新世界ツアーの締めは『ホルモン道場』であった。

そして『八重勝』の前を通り過ぎる。僕にとって「二度づけごめん」串カツの原点はここ。あの衣のふんわり感や味付けに驚き、定期的に通ったこともある。

一方、創作串といわれる串カツに僕が初めて出合ったのは37年ほど前のこと。当時は桜橋にあった『豚珍串』である。勤めていた事務所の社長にして作詞家のもず唱平先生に同行したのが最初で、正直に告白すると「こんなに素材を組み合わせた串カツがあるのだなあ」という味わいより、もず先生と店主・岡敏二郎さんとの強烈なやりとりのほうが印象的であった。野球や麻雀、演歌など話題は豊富

で、しかもお互い主張は譲らず、愛あるトークバトルが続く。大阪弁でいう「言いたいこといいい」である。その間合いというか両者の呼吸を横で観察することが幸せだと感じ、よく同行させてもらった。

その後は同僚や友人と訪れるようになり、いつの間にか自分の旨いもんリストに入っていた。今回『豚珍串』の歴史を尋ねると「あの場所で20年、次のとこで17年、ここで8年やな」と。なんと岡さんの串カツ人生は独立して45年を数えるという。御年69歳だが、実年齢よりずっと若く見える。創作串カツを早くから手がけていた『知留久《しるひさ》』での5年もの修業時代を含めると、50年間ひたすらに串カツを揚げ続けてきたことになる。開店当時のメニューを見ると、串カツが20円から50円。ビーフカツ定食が200円、豚カツ定食もある。それが次第に創作串カツ専門店として進化を遂げていく。

料理人の運動神経

いまも朝の8時前には店に入り、仕込みを始める。「病気はしたことないし、それで店を休んだことはない。ずる休みはあるけどな」と。「ずる休み」と言われても「この人やったらしょうがないな」と思わせるオーラというか風情を感じるのも〝人の力〟か。

定番の牡蛎と銀杏、豚とゴボウ、イカとウニなどの串を食べると、いつも同じコンディション。安定感があり、安心して友人を連れてゆくことができる。厨房の様子を眺め

ていると、その動きがリズミカルだ。どうも運動神経が発達しているのではないかと思う。『知留久』での修業は相当厳しいものであったに違いない。教えるというより、〝見て覚えろ〟という時代、それは、肉体が自然と記憶するまで同じ動きをせよということを意味する。一流のシェフは、後ろ姿の肩の動きだけで仕事の良否が分かるという。岡さんの動きを見ていると、そんな肉体のメカニズムが理にかなっていると感じる。その動きは、ただ、漫然と繰り返されるのではなく、そこで考えていることが分かる。また、岡さんは、かつてゴルフやボウリングに熱中したことがあったらしい。実は、それらのスポーツは、

すべて己との闘いであり、スコアによって相手との勝敗は決まるが、それはあくまで相対的な結果。自ら定めたスコアをクリアできるか否か、そこで都合のいい誤魔化しを続けているると成長できない。ふとそんなことを思い出した。小学生のときは画家になりたかったらしく、中学時代は校内のポスターを描くほどの腕前であった。モノをとらえる力も持っているのだ。

また僕は優れた料理人の条件の一つとして食べ歩きを加えている。だから岡さんの「50年間、『知留久』と自分の串以外は食べたことない。元祖に教えてもろてんから、よそのを食べてもね」という台詞にはいささかたじろいだ。そんな岡さんは、新たな串を考えたとき「一口目はお客さんに出して大丈夫なのか、二口目はお客さんにどう伝えるのかをじっくり考える」という。料理人が味を分析することは、やはり自分の仕事を客観的に捉えることだと改めて感じた。

二人のコンビネーション

そして岡さんの隣でずっとサポートを続ける奥さんの存在も極めて大きい。『豚珍串』はカウンターの店である。ときには岡さんの鋭い言葉を真正面から受け止め、やや緊張感が店内に漂うこともある。そんなときに奥さんの一言が見事に、その空気感を和らげる。いつもは柔和な笑顔で多くを語らない奥さんなのだが、非常に重要なポジションを占めている。これまでも夫婦二人のカウンターを多く見てきたが、この二人のコンビネーションには拍手を送りたくなる。

　うれしいのは、串カツのコンディションが変わらないように、客との距離感も一定ということだ。その岡さんの静謐な佇まいには頭が下がる。ひとつ文句をつけるとすれば話題が「阪神タイガース」となったとき。もちろん串カツには影響を及ぼさないが、話はいつまでも続きそうな勢いである。つまり、自分の力でどうしようもないことに対する苛立《いらだ》ちもあるのだろう、だから余計に燃えるのだ。ある意味職人らしいといえるかもしれない。僕は、そんな岡さんに、失われてゆくタイプの料理人の姿を重ねている。（2011年2月号掲載）

豚珍串《とんちんかん》

◆大阪市福島区鷺洲2-14-23 ☎06･6341･6826 営17:30～19:30入店 休土・日曜、祝日 交各線福島駅から歩10分 予必要 カ不可 席カウンター10席※喫煙可 金おまかせ4000円～(串25本程度)。瓶ビール大600円、焼酎G400円。

(P269)

ソースは左から山椒、胡椒など5種を混ぜた塩、自家製トンカツソース、マスタード。ご主人は串をこのソースに合う順で揚げてくれる。

(P271)

上／エビ、キス、豚、蓮根、アスパラ、タコ、牛肉など25品程度の創作串が、カウンター越しに絶妙なタイミングで供される。下／開店50周年を目指して今日もカウンターに立つご主人・岡さんとおかみさんの良子さん。

洋皿にご飯メニューから懐石まで
京の伝統と革新を岩倉に覧《み》る

和洋料理　河玄

二人三脚の歩み

三条木屋町を上がり、東に入ったところに、僕にとって京都の割烹の世界に踏み込むきっかけとなった『河久』という料理屋がある。ここは京都の板前割烹の嚆矢《こうし》の一軒『河繁』の次男坊が開いた店だ。長男が『河繁』を継ぎ、次男坊が洋食を取り込んだ和洋料理を供していた。友人の父親に連れていってもらったのが37年前。カウンターのみだが厨房は客席より広い。たえず店頭に置かれた自転車で若い職人が仕出しにでかける。その光景になんと凄い世界があるのかと驚愕し、端正な料理に出合うため、生意気にも小遣いを貯めては『河久』にでかけた。ビーフシチューやクリームコロッケ、鴨ロース、牛肉の南蛮焼きなど、いまも記憶に残る料理の数々。だが、料理よりカウンターの中で働く若き職人の、きびきびした動作と気合いに目を奪われることがしばしばであった。

そこで一際光っていた職人、それが『河玄』の大将・吉成幸弘さんであった。おそらく僕

と年齢はそんなに違わないはずの彼が、客から次々と飛び交う注文に対し、先輩が段取りよく調理できるように動く。必要最低限の言葉だけですべてが回ってゆく。そんな彼の姿を羨望の眼差しで見ていた。

「『河久』で10年働いての独立、28歳のときでした」。岩倉に自分の城を構え、まもなく30年。開店当初は母親と二人で客を迎えていたが、そこから10年ほどして伴侶となるいく子さんとの二人三脚の『河玄』が始まった。

「シチューとご飯というお客さんもいたはります。週に2回ほどずっと食べに来てもらってます」。日常の御飯として『河玄』を使いこなす食べ手がいる。それをベースとして会席を嗜《たしな》む人がいる。「洋の料理をはさみ込んで巧《うま》いこと食べはります」。それがいわば『河玄』王道の食し方とすると、そこからの変化も興味深い。茶道を嗜み40年以上の歳月が経つ奥さまを〝師〟に、茶懐石の世界も広げてみせたのだ。そうすると「自然に野に咲いている花にも興味が湧いてきます」と大原や滋賀県まで自ら足を運び「車の中からでは見えへんところに、いい花が咲いている」と山に入り花を摘み、活けるという流れとなる。当然のことながら四季の移ろいには敏感になり、それが料理にも反映される。

これは日本料理を供するには非常に重要な要素である。「分からないことがあれば、聞くのです。料理の流れには理があります。それを知るのと知らないのとでは、献立の立て方がおのずと違ってきます」と話してくれた。それが分かったとき、日常の御飯メニューから会席、そして懐石の献立までバリエーションは広がった。

一期一会の心

大将は今年57歳になる。料理人は、自分が違和感なく受け入れられる客層は、本人を基準として前後10歳程度と言われている。『河玄』は岩倉にあり、表通りに面してさえいない。ふらっと訪れる客はまず皆無に近く、おのずから常連客に支えられることになる。その年齢層も高い。そう考えると、大将の変化は、その人たちのニーズに沿っている。もちろん本式の茶懐石を供するのではない。その心得を尊びながら、自分が学び蓄積した洋の技もさりげなく添加してゆく。「もしかすると料理の幅は広がったのかもしれませんが、お客さんの間口は狭くなったのかもしれません」とつぶやく先には、フリーの客を拒否するのではなく、一期一会の世界があり、その出会いを大切にする茶の湯の心が見え隠れする。

僕は、かつてこの店では、その日の気分に合わせて単品を注文していた。ところがある日「おまかせ」を食し、その構成力に驚いたことがある。単品で食すと味の記憶は鮮明となる。洋食屋のビーフシチューとは一線を画した味わいに舌が喜ぶ。だが、おまかせでは、味の記憶よりむしろ、吉成さんの世界観が心に残った。いうならば、それは季節感や花や器の彩りからにじみ出るもてなしの心であった。

それに加え素晴らしいのは、吉成さんの姿勢というか、カウンターの中でのスタンスが40

年近く変わらないということ。『河久』時代から現在まで、これほど長年同じイメージを保つ人も珍しい。それはカウンターを隔て、そこを結界として、作り手と食べ手という関係がきちんと分かれているからだと思う。そう告げると「それはケジメやね。『河久』で学んだのは、料理を作るより、まず人間としてきちんとしろということやった。どこまでいっても、カウンターに座っておられるのはお客さん。なんぼ親しくなってもそれを忘れたらアカン」と言い切った。親しくなると、つい仕事に緩みや甘えが出てくるかもしれないという考えなのだろう。それが料理人というか、吉成さんの生き方であり、美学なのである。

思いを遂げる空間

今後について尋ねると「もう少し違う空間でやってみたいと思っています」と話し「小さいカウンターかな」と付け加えた。実は年初に三条河原町の『直珈琲』で吉成夫妻と偶然出会った。「あそこには月に2~3回行ってます。あの造りはなかなかエエ感じ」。コーヒー店だが、6席のカウンターで土壁、数寄屋造りに近い印象である。吉成さんの言葉を聞くと、この『直珈琲』の設いが、僕の脳裏をよぎった。もしかすると30年というのは、長い助走期間であったのかもしれない。茶道の師を得て20年が過ぎる。知らず知らずのうちに、その世界に寄り添うような料理が、吉成さんの手から生まれてきた。それを確立したい。

とはいえ体力も存分にある年齢ではない。すると自分の思いを遂げるために適したサイズがあるはず……。

そんな小さいながらも妥協のない空間ができることを期待したい。（2011年3月号掲載）

和洋料理 河玄

◆京都市左京区岩倉南三宅町11 ☎075・721・6813 ㊮17:00～20:00㊤ ㊡木曜 ㊫地下鉄烏丸線国際会館駅から ㊪7分 ㊖必要 ㋕不可 ㊛カウンター7席、座敷1室（3～6名）※全席禁煙 ㊎コースのみ10500円～。瓶ビール中800円

（P275）

上／料理はすべて10500円～のコースから。「ビーフシチューに特に工夫を凝らしているわけではありません。上質の肉を楽しんでください」とご主人。下右／海老しんじょう、春子椎茸、うぐいす菜、柚子のすまし仕立て。下左／大将の吉成さんと奥さんのいく子さんのお二人は結婚して20年。

理想の自家焙煎豆を求め
若き主は今日も焙煎機に向き合う

GREENS Coffee Roaster《グリーンズコーヒーロースター》

品質を保つための職人魂

遠く向こうに「豆」という文字が見える。JR元町駅を降り、高架下を西に歩いていると、中古レコード屋を見付けた。店頭の梓みちよは昭和を感じさせるメイク、そしてその並びには街の洋菓子屋がある。そんなノスタルジックな〝モトコー〟を楽しんでいると「豆」にたどり着く。

扉を開けて『GREENS Coffee Roaster』の中に入ると、風景が一変していた。昨年末よりカフェの営業を辞め、自家焙煎豆の販売のみになった店の主は巌《いわお》康孝さん。サイフォン部門でバリスタ日本一を2回獲得した人だが、今回は相当な決断を要したはずだ。

「05年開店なので丸5年間カフェをやりました。実は開店当初から企《たくら》んでいたことなのですが、ゆくゆくは焙煎を中心にやっていきたいと思ってました」と、意外な言葉が返ってきた。「だから店名にもロースター、という文字を入れたんです」。なるほど、そういう思

いがあったのか。近年、メディアでは、カフェやコーヒーが頻繁に取り上げられ、知名度も高まり、カフェとしての営業も順調であった。「平日でも満席が続いたり、週末にはウェイティングが出る状況になりました」。経営者なら、店をいかに効率よく回転させるかを考える。だが巌さんは「お客様に来ていただけることは本当に嬉しいのですが、仕事に追われるようになって、豆の品質を保てなくなってしまっては……」と説明した。たとえロースターを目指していても、経営面のことを考えると他の選択もあったはずだと一瞬思った。しかしそれを良しとしないのが、巌さんの魅力であり、コーヒー豆を焙煎する職人魂なのだと理解した。

巌さんはプロ野球選手を目指し、高校・大学と野球を続けていたという。「プロを目指すということは一流を目指すこと。そして一流の世界は結果がすべてです」と語る。カフェの場合は、抽出まで自らの手を下せるが、豆の販売となると最終工程は焙煎である。だからその焙煎という結果をおろそかにしてしまっては、本末転倒になる。だからこそ、そこに注力するという決断をしたのだ。これは、とうてい僕には選択できない。

コーヒーは嗜好品

さらに、ここからの論理が面白い。コーヒー豆を焙煎する人は、往々にして自らの淹れ方や方法論を尊重しがちだ。ところが巌さんは「コーヒーは嗜好品なんで、聞かれるまでこんな淹れ方がいいなどと話すことはしません。そういった意味では不親切かもしれませんが」と笑う。コーヒーは嗜好品――その考えを基本に置きつつ、様々な思考を巡らせ、その先にはさらに奥深い世界が待っていると厳さんは感じている。

例えば、僕はやや土っぽく、すこし苦みが勝ち、後口がほのかな甘みを醸し出すマンデリンという豆が大好きだ。基本的に深煎りという認識がある。だが、店によって供されるマンデリンのバラエティーは豊かで「これはマンデリンですか」と尋ねたくなることもあるぐらいだ。「そうなんです。それぐらいコーヒーって、みなさんがおいしいと思っておられる基準が違うのです。旨い・まずいより、合う・合わないのほうが大きいのです」と。嗜好品だからこそ、消費する側のニーズを掴み、消費者に合ったものを提供していく。「僕がホテルのサービスマンを経験したことが大きいでしょうね。お客様の要求を厨房に伝える係ですから。最初から作り手とは発想が違うのかもしれません」。

さらなる挑戦

とはいえ、今回のスタイルは最終工程＝結果をお客様にゆだねるわけだ。カフェなら飲む人たちの表情で判断することもできる。だがそれが成立しない。「それだけにあらゆる条件＝ニーズを考えておかなければなりません。お客様にはポイントカードをお渡しして、それには購入日、購入量、豆の種類、挽き目を記録していきます。そこからお客様の様々なニーズが見えてきます」と。僕は昨年末に焙煎後2カ月熟成したマンデリンを飲ませてもらった。これが実に見事な味わいであった。土っぽい荒々しさが消え、高貴な香りとまろやかな旨みが抽出されていて、ある種の衝撃を覚え、自宅でも熟成を試みている。さらに今回訪れたときに「あの豆を4カ月熟成したものです」と供されたものは、以前にもまして丸みのある旨さであった。「お客様がどのような状態で保存されているのか。いろいろな条件でこちらも試してみなければなりません。だから提供する豆を鍛えておくことが、僕にとって大切なことなんです」と話した。常温で長い間熟成する。それには厳しい条件でも、クオリティーが落ちることのない豆でなければならない、ということでもある。

当分は焙煎豆の販売を中心に動いてゆく。だが、巌さんの性格を思うとまだまだ次のプランがありそうだ。「リキッドアイスやドリップパック、またコーヒーゼリーも、もっともっと追求して完成度の高いものをお出ししたいです」と語った上で、もう一つやりたいことがあるという。2階にはすでに新たな小さなカ

ウンターが設置されており、そこでセミナーを開催するらしい。「プロと一般の方、どちらもですがマンツーマンのセミナーをやりたいのです。サシで勝負。そのほうが思いも伝わる」と。

最後に聞いてみた。ロースターとして一流になるために必要なものは？「反復練習です。そして練習の成果を形にし、あとはどこまで深く掘り下げることができるか」と言い切った。

『GREENS Coffee Roaster』で豆を購入するときは、できるだけコミュニケーションを取ったほうがいいと、改めて感じたのであった。

（2011年4月号掲載）

GREENS《グリーンズ》 Coffee Roaster《コーヒーロースター》

◆神戸市中央区元町高架通3-167 ☎078·332·3115 ㊮11:00～19:00 ㊡火曜 ㊯各線元町駅から㊇5分 Ⓟなし ㊄取置き可 ㋕不可 ㊎グリーンズブレンド100g 550円、メリケンブレンド100g 550円。

(P281)
自分の理想だけでなく、飲む人の味のベースがどこにあるのかを知ることが大切だと、主の巌さんはいつも考える。左は共に働くスタッフの遠藤貴子さん。

カウンターの向こうに見えるのは
主の焼き鳥に向かう真摯な姿勢

あやむ屋

到達点のない道

月に一度は食関係者が集まり勉強会を開く。先月は、京町家を改造した中華料理店で開催された。2階の座敷で珍しい料理を食べながらの話題は、中華のスープ。中華料理でも昆布を使う人たちが増えてきたということを含め、侃々諤々《かんかんがくがく》の議論がなされ、楽しいひとときを過ごした。帰り際、玄関に靴がずらりと並ぶ。その日、僕はアッパーにアザラシの皮を使ったパラブーツのミカエルフォックという靴を履いていた。多くの人が履いているも

のではないはずだが、12人いた男性の中の、なんと3人がこの靴を履いていたのだ。これには驚いた。その中の一人が大阪・福島の焼き鳥屋『あやむ屋』の永沼巧さん。「3人もこれを履いてるとはびっくりやね」とお互い顔を見合わせた。そして以前、夏場にリネンのジャケットでも同じことがあったのを思い出した。

何も服装に対する好みが似通っているからといって僕は『あやむ屋』に通うのではない。永沼巧という料理人の仕事に惚れて訪れるのだ。一人のサラリーマンがわずかな修業期間を経て独立、そこから12年目を迎える。ここ数年は、鶏を焼きながら食べ手と言葉を交わす余裕も出てきたが、それまでは一心不乱に炭の具合を見ながら、絶えず鶏を動かし最適な仕上がりを目指して、寡黙に焼き続けていた。「到達地点ってないんですね。鶏を焼くという行為はいつも同じだと思うんですが、その技術は常に進化を求めていかないとだめだと思います」と永沼さんは話した。

相手の望みを供す

この間、基本的なメニューがそんなに大幅に変わることはなかったが、一時、自分の好きな食材を増やしたいとも考え、鴨や仔羊、豚などをメニューに加えたこともあった。僕もジビエ類は好きなので食べたが、いつの間にかその類が減っていった。「ある人に言われたんです。『ここに来る人は鶏を食べに来ている。だからあまり他のモノは置かないほうがいいんじゃない』と。確かに僕が思っているほど出なかった。それよりも鶏を少しでもいい状態で提供するほうが大切だと思ったんです」と。また、料理に対して強い思いを持つことは非常に大事だけれど、思いが強いからといって、そのまま伝わるわけでもない。相手が望んでいるものを供するから伝わるとも。この台詞を聞いて、僕もモノを伝えることの難しさを痛感した。旨いのは当たり前のことなのだ。その次にどのようなことが重要なのか、それを見極める視点が要る。

濃密な空間を

メニューの変遷のほか、変わったと言えば「タレがいちばん変わったかもしれません。最初はみりん、醤油、酒に鶏ガラ、リンゴなどを入れてました。でも今はシェリーベースです」と。これは店を訪れた日本ソムリエ協会の岡昌治会長が「シェリーをタレに入れたら旨いんちゃうかな」とふと漏らした言葉がきっかけになった。シェリーといっても何種類もある。種々のシェリーを試しながら最終的には濃度も甘みも最も強いペドロ・ヒメネスに落ち着いた。以前に比べると甘さはしっかりあるが、甘ったるいという感じが全くない。その甘さによってつくねなどの味わいがふくよかになるのだ。「塩はいいのが見つかれば変えますが、いまは安定しています」。到達地点がないからこそ、常に永沼さんのセンサーは作動し続ける。ジビエ類は姿を消したが、豆腐や揚げ、ネギなど、新たなモノが加わった。豆腐は埼玉県川越市の『小野食品』のもの、ネギは

東京の千住ネギである。これはどちらも東京・銀座の『バードランド』の和田利弘さんら仲間からの情報である。

先述の岡さんはじめ、多くの〝食いしん坊〟が集まってくるこの店のネットワークは歳月を重ねるごとに重厚なものになっている。食べ手がもたらすニュースは濃密である。永沼さんは、そんな食べ手に有効な球を投げ返すことによって、信頼関係をさらに深めている。

また「いまでは周りに安い店がたくさんできてしまったので、少し高い店になってしまったかもしれません」と状況判断も的確である。これは料理人にとって不可欠の要素だと思う。時代の流れや、自らの店を取り巻く環境など、料理人の進化には、すべてが関わりを持つ。冒頭に話をしたファッションに気を遣うことも、料理人のセンスを磨き続けることに役に立つのではないかと僕は考える。自己表現としてのファッションは、相手からいかに見られるかを意識するからにほかならない。これは食べる側の目線を考えることにもつながってゆくのだ。

永沼さんの一日は、毎朝、摂津まで鶏を受け取りに行くことから始まる。それが終わると店に入り、仕込みをし、炭をおこし、ひたすら焼き続ける。ほぼ同じ工程を毎日繰り返すのである。しかし、鶏には個体差があり、気温も違えば、食する側のオーダーも速度もまちまちである。それらのことを踏まえた上で、供する料理のレベルをキープする。「料理を同じコンディションにするのが大変です。ちょっとでも気を抜くとすぐにお客さんにはバレてしまいます」と目を見据えて話してくれた。

そんな話を聞いていると、この人は職人としての生き方も含めた仕事が好きなのだと思ってしまう。もちろん旨いものを食べたい、供したいという欲望は人一倍強固である。それを突き抜けたところでの交流が楽しいのだろう。従って『あやむ屋』には毎夜濃密な空気が流れている。


（2011年5月号掲載）

あやむ屋

◆大阪市福島区福島5-17-39 ☎06·6455·7270 ㊠17:30～23:00（ネタ切れ次第終了）㊡日曜、祝日（平日に不定休あり）㊦各線福島駅·JR東西線新福島駅から㊤2分 Ⓟなし ㊔ベター ㋕不可 ㊢カウンター15席※全席禁煙 ㊎焼き鳥1本150～300円（注文は2本～）。生ビールG650円、ベルギービール650円～、焼酎G500円～、Gワイン650円。

（P289）

上／造り盛り合わせ1500円は、ささみ、ハツ、ズリ、肝を白醤油、濃口醤油、そして玉締め搾りのゴマ油を混ぜた醤油の3種で。下右／濃厚な旨みの肝1本280円。下中／首肉に胸の皮などを混ぜ込んだつくね1本220円。下左／力強い歯ごたえと脂の甘みが秀逸なネギマ1本300円。

コンクールが育てたフレンチは
クラシカルかつ時代を先取りする

サロン・デュ・エヴォリュエ
ドゥーズグー

発想の妙の源は…

僕は京都三条柳馬場下ルにあるフランス料理店『ドゥーズ グー』の小霜浩之シェフのことを誤解していた。リーガロイヤルホテルの出身で、ボキューズドール国内予選準優勝という経歴の持ち主ということは知っていたが、シェフの料理を食し、ホテルでびっしりフランス料理を学んだ人物だと思い込んでいた。「ホテルには19年近くいましたが、フレンチの経験は5年半です。以前、肥後橋にあったリーガグランドホテルのバー『パブ・パイン』

を皮切りに、鉄板焼き、宴会調理、コーヒーハウス、そしてリーガロイヤルホテル大阪の『セラーバー』と合計14年近く働き、その後、やっとフレンチに携わることができて。大阪の『ナチュラル・ガーデン』で1年半、小倉の『シャンボール』で4年シェフを務めました」と。この言葉を聞いたときに、正直大きな驚きを覚えた。というのは、『ドゥーズ グー』のテーブルを彩る料理が、様々な食材を意外性というキーワードで組み合わせ、発想の妙を楽しみながら、色彩溢れた皿と共に供し、時代の流れをきちんと押さえつつもクラシックの匂いをきちんと感じさせていたからである。

思わず「じゃあ、フランス料理、どうやって学んだんですか?」と聞いてしまった。

「本を読むことと、食べ歩き、そしてコンクールです」と即座に答えが返ってきた。本や食べ歩きは理解できるし、そう答える料理人も多い。だが「コンクール」は意外であった。

高校時代に『料理の鉄人』をテレビで見て「坂井宏行さんに憧れ、この世界に入ったので。でもホテルではフレンチに行きたいと言ってもなかなか行かせてもらえない。それじゃコンクールで実績を残すしかないと」。本は書店ができるぐらいに購入し、むさぼるように読み続けた。知識はどんどんふくらみ、食べ歩きで舌の感度も先鋭化してゆく。しかし経験値が低い。ホテルというシステムの問題かとも思うのだが、部門の料理長は仕事ができるスタッフを重用する。「いいように考えれば、それぞれのポジションで必要とされていたのかもしれません。でもこっちはフレンチに行きたいという一心ですから」と当時の思いを笑顔で語るシェフ。普通なら辞すことが多いケース。だが「フレンチに行かせてくれるまで辞めない。それは意地でしたね」。この思いと決意はシェフを夢へと導いていった。

コンクールがもたらしたもの

とはいえ、そう簡単にコンクールに出場というわけにはいかない。まずは、書類審査を通過しなければならない。国内外の優れたシェフたちの考えを知るためにさらに本を読み、ホテルには早くから出社し厨房で技術を磨いた。しかし、そういった空気は自然と周りに知られることとなり、フレンチ経験のないコックが勝手なことをしているというふうにも見られた。「お前に何ができるねん、という感じは確かにありました」。しかし、彼は静かに、着実に前進を続ける。

そして「エスコフィエ料理コンクール」で準優勝という成績に輝いてからは、会社を挙げてシェフをバックアップする機運が生まれ、次の「エスコフィエ料理コンクール」では村上信夫賞を獲得、チャンスは少しずつ広がっていく。「テタンジェ料理コンクール」でも決勝に進んだ後、念願のフレンチレストランに仕事場を得る。

〝最初〟の『ナチュラル・ガーデン』では社内コンペで1位になった豊田光浩シェフから最終選考まで残った小霜さんに声がかかり、リーガロイヤルホテル小倉の『シャンボール』でついにシェフを務めることになる。コンクー

ルで優れた成績を残したといえ、わずかフレンチ歴1年半の料理人にレストランのシェフを任すホテルの度量と小霜さんの実力は、今回改めて取材をして感じたことであった。

フレンチへの確かな思い

その後、小倉のシェフを辞し、そのタイミングで独立の時期がやってきた。『ドゥーズグー』のシェフとなったのが約2年前のこと。そして、ここでもコンクールへの出場を続け、

「ボキューズドール国際料理コンクール」の国内大会で準優勝する。料理への探求心がコンクールに結びつき、進化するシェフの料理は、多くの人を魅了し続けている。

人々を魅了する料理は当然、同業者の気を引く。支配人でフロアを仕切る小林正裕さんが「すぐに同業者と分かりますね」と話せば、シェフは「そういった人たちは2種類に分かれます。料理人と話してくれるタイプと、肩をいからせ『どんな料理を出してくれるのか』というタイプです。それを見ると、昔の自分の姿とかぶって恥ずかしくなります。僕は、食を楽しむということが全く分かっていなかった。でも、シェフが楽しみ方を知らないと、お客さまに楽しんでいただける料理は作れないと、ようやく思うようになりました」。この言葉は、作り手としてだけでなく、食べる側にも鋭く迫ってくる。食を楽しむ、ということを再度考え直すことにもなる。確かに『ドゥーズ グー』で食事をすると、料理はもちろんのことながら小林さんはじめ、サービスを担当する人たちの温かさを感じるのだ。

ホテルでの経験を積み、コンクールの荒波を越え、シェフとしての実績も重ね、今年40歳を迎えるシェフが、最後にフランス料理への思いを口にした。

「フランス料理は、やはりソースなのだと思います。いつの頃からかジュという言葉が広がるようになり、ソースの存在が薄れてきたように思います。僕はやはりソースというものをきちんと作り続けたいと思います」ときっぱり言い切った。シェフの言葉通り、ジュがソース代わりになることが多い。むしろそのほうが優れているという印象も強い。

ある時期までは、多くのシェフのいいとこどりというのが小霜シェフが作る料理の特徴であったかもしれない。しかし〝意識〟を持つ人の料理は変化し成長する。

いまは、小霜シェフの料理は確実にそのポジションを獲得している。

(2011年6月号掲載)

サロン・デュ・エヴォリュエ
ドゥーズ グー

◆京都市中京区柳馬場通三条下ル槌屋町83 ☎075・221・2202 ㊔11:30〜13:30㊤、18:00〜20:00㊤ ㊡木曜、第3水曜 ㊋地下鉄各線烏丸御池駅から㊌6分 Ⓟなし ㊕必要 ㋕ほぼすべて可 ㊗1F テーブル10席、2F テーブル20席 ㊞1室(2〜14名) ※全席禁煙 ㊎昼コース3990円〜、夜コース10500円。Gワイン945円〜、Bワイン6300円〜。※夜のみサ10%別。

(P295)
上/この日のメインはラカン産ピジョン〜フォアグラとトリュフの香り焼、エピスの利いたキュイス添え。赤ワインと鳩のジュを合わせ煮詰めたソースがシェフの思いを体現する。下/コンソメで含め煮した黒キャベツを鮎で巻き込んだルーローは、黒い熟成ニンニクのソースがアクセントに。

家族の団結力が上質の接客を生み
山形牛の旨さの真価を伝える

焼肉レストラン カウ・ハウス

安心の馴染みの味

毎年12月30日は、中学校の同級生が約30名集まり食事会を催す。かれこれ10年近く続いているが、僕は毎回その飲食店選びを命ぜられる。あるときは河豚《ふぐ》屋で白子雑炊に感動し、あるときは韓国家庭料理店で営業最終日ということもあり食材をすべて食べ尽くした。まあ、食い意地が張っているというか大食漢なのか、僕に限らずとにかく皆よく食べる。その上、50歳も超えると、食べ物の味については好みが激しくなる。新しい味との出合いを求

めるより、〝馴染みの味〟のほうが安心するのだ。また価格、サービス、双方のバランスにもうるさくなる。いわばやっかいな連中だ。

だが『カウ・ハウス』で開催したとき、「カドカミええとこ教えてくれたな。また来るわ」という声が、あちこちから挙がった。

『カウ・ハウス』の開店は25年前にさかのぼる。当時は父親の橋本光弥さんと母親の絹枝さん二人に職人さんが一人という店。開店時から山形牛を使っていた。「母親の親戚が山形の牧場に嫁いでいて、その肉を使うことができたのも店を開いた大きな要因です」と長男の英則さんが丁寧に答えてくれる。僕も、まろやかで脂が上品なこの山形牛が好きで通い続けているのだ。

いつも塩タンから始める。軽く片面を焼き、もう片面の色が変われば食べる。歯を入れたときの香り、飲み込むときのジューシーさが見事である。続いてホルモンをタレで食す。赤セン、テッチャンなど。これも比較的火の通し具合は浅めが好み。片面を焼き、反対側の脂分がジュルジュルしてきたときが食べ頃。その甘みと脂分の融合こそ焼き肉の醍醐味だと感じる。あとはサーロインに近い部分を細切りにした極上ロースや上バラなどを食べる。

家族の絆

現在はファミリー4人と親戚で切り盛りする『カウ・ハウス』の25年間で、最大の出来事は、父親と一緒に店を立ち上げた母親が他界したことだった。17年前、母親が体調不良を訴え医者の診断を受けたときには「3カ月の命」の宣告。「このときほど、家族が一体になったことはないですね」と英則さんは遠くを見た。父親こそ職人から技術を受け継ぎ調理を担当していたが、他は皆、素人同然。それでも長女の寿枝さんは仕事を辞め、厨房に入った。次女の優子さんも専門学校を辞しフロアに立った。「僕も信用金庫に勤めていたのですが、辞めることにしました」。母親は病床で死ぬまで店のことを心配していた。「命を削ってまで、店を切り盛りしてきたので、何が何でもこの店を守っていかなあかんと心に誓いました」と優子さん。母親が愛した店を繁盛させることが、供養だと信じていたのであった。そのときから店の新たな歴史が始まった。

とはいえ、3人ともプロになるべく教育を受けたわけではない。父親が職人に習った技術を見よう見真似で、習得していった。もっとも姉は仕事の休みごとに店に入っていたし、妹は学校帰りに手伝っていた。英則さんは「信用金庫で学んだことは大きかったです。接客業という意味では双方変わりはない。お客様とどういった態度で接するか。一生懸命仕事をすれば、必ずお客様は返してくれます。いい加減であればその逆。自分が活き、店でも自分を活かせるホールのサービスを僕が担当しました」。その後、英則さんは父親や職人に少しは習ったが、ほぼ独学で調理技術を覚えていく。「少しずつ肉が切れるようになると、知り合いの肉屋さんに行って『これで切り方合ってるの?』と聞いていました」(笑)と自

分なりの習得方法を話してくれた。

店を支える接客力

現在は長男が肉を捌き、父親が塩タンを調理する。次女はナムルとスープを担当し、長女はオールラウンドプレイヤーなので各パートを手伝う。ホールには山形の牧場から親戚の田村伶欧さんが入っている。まさに家族でしっかり固めたフォーメーションといえる。

「家族やから胸倉を摑んでの喧嘩になることもありました」と優子さん。「そうなんです。会社勤めなら、上司に遠慮や気遣いはありますが身内だとそれがないですから」と英則さん。原因はサービスに対する指導についてである。なにしろ英則さんは、アルバイト一人ひとりに、その人に合った接客マニュアルを作るぐらい接客に注意を払っているのだ。「いくらおいしい肉を提供しても、接客が悪ければ、お客様には心がこもっていないと理解されるわけですから」と接客の重要性を強調した。

確かにその通りである。多くの人たちから聞く「二度と行かない店」の原因はサービスに関わることがほとんどだ。それを知っているからこその発言である。では従業員に対していかなる伝え方をするのだろう。「マニュアルはあるのですが、みんなには夕方5時前と深夜1時頃のまかないのときに毎日話をします。やはり食べながらのほうが話しやすいですしね」と。そして、もちろん山形牛に対する研究も怠らない。年に一度の割合でスタッフが現地の牧場、工場視察などを行っている。

そこで牛の飼育方法や飼料のことなどを学ぶのである。そんな知識を持っているかいないかで、接客のときの言葉も違ってくるのだ。「おいしいのは当たり前。そこから店がどれだけ素晴らしいと思っていただけるかは接客の力」。なにしろ「全員に来てよかったと思ってもらいたい」というのが英則さんの願いである。そのためには先を読むことが大事だという。お客様から言葉をもらって行動するのでは遅いと考えるのだ。そんな意思が店内に息づいている。同級生が諸手《もろて》を挙げて、この店を評価してくれた所以《ゆえん》がそこにある。

（2011年7月号掲載）

焼肉レストラン カウ・ハウス

◆大阪市都島区中野町2-15-5 ☎06·6353·8929 ㊔17:00～翌1:00 ㊡火曜、第3月曜 ㊊JR環状線桜ノ宮駅から㊍10分 Ⓟなし ㊎ベター ㋕不可 ㊖カウンター6席、テーブル34席 ※喫煙可 ㊎ロース950円、バラ950円、塩上タン1180円、極上ハラミ1800円、ジャンボ骨付カルビ3150円、テールスープ750円、冷麺800円。生ビール中470円。

(P301)
右上／父親・光弥さんの丹精込めた仕事、超薄切りの塩タン1180円。右下／極上ハラミ1800円。左上／極上ロース1800円は口の中で脂が溶け、旨みが染み渡る。左下／テッチャン600円。

思考の変化がもたらしたのは
人への興味と料理への柔軟な眼差し

イヴェンティチェッリ

様々な思い

阪神間のイタリア料理を牽引しつづけた浅井兄弟。弟にして苦楽園『イヴェンティチェッリ』のオーナーシェフ、浅井卓司さんは今年、42歳を迎える。調理師専門学校を卒業後、東京、イタリア、関西のレストランで仕事を続け、9年前に独立。かつて僕はTシャツが似合うシェフと書いたことがある。胸板は厚く、〝ストーブ前で燃え盛る火と格闘する〟姿《イメージ》こそ浅井シェフの象徴であった。「今も毎朝6時半から身体は鍛え続けていますが、パーソ

ナルトレーナーをつけ、マッチョな身体より、しなやかな肉体を求めるようになりました」と話したのには少し意外な感じを受けた。まだまだ身体も料理も〝マッチョ〟を求めていると信じていたからだ。40歳を超える頃から、シェフの思考に変化が訪れたという。〈地元・神戸を意識する〉ようになったこと。そしてもう一つは、〈自分のことを一番分かっていないのは自分〉だと自覚するようになったことだという。

　人間誰しも、人生の折り返し地点を過ぎる頃になると、様々な想いを巡らすようになる。自らのアイデンティティを確認し、そして、そのアイデンティティがどこで生まれ、育《はぐく》まれていったのかを意識する。そしてそれらを確認するには、人との触れあいが手っ取り早い。

「そうなんです。人に会いたいんですね」と。極論すれば、今のリストランテというスタイルからカウンターに変えたいとでも言いたそうな真剣な眼差し。「もっとお客さんの近くで料理ができればいいと思います。もうすぐ10年目に入るので、店を小さくすることを考えたことも……」と。

中華へのアプローチ

　いつか近い日にハード面の変化は訪れるやもしれないが、さて料理のほうはと問うと、「神戸を意識すると、やはり中華料理との係りを持ちたくなります。小さい頃はなにかあれば中華料理でしたし」と語り、今は神戸の中華料理店が集まる会にも属し、そこから熟成や発酵、調味料を学び、自らの〝創作〟に取り入れているという。

「イタリア料理が和とくっついたり、フランス料理に近づいたりというのはあっても、中華料理的なアプローチというのはあんまりないと思うんです」と語るシェフは実際に、うるか（鮎の内臓）などを作り始め、近頃は塩糀にも手を伸ばす。「塩糀は野菜につけて食べても美味しいし、ブルーチーズと合わせてみても面白い」。また中華の醤に似たものもいくつも作る。これらはパスタに調味料として使うだけで、一気に味わいと印象が変わる。発酵・熟成はアミノ酸を増やし、旨みの量が増えることになるからだ。そして、これからは四川系統の辣《ラー》と麻《マー》、つまり辛さと痺れ、唐辛子と山椒について研究したいという。「唐辛子はイタリアでも結構使うので可能性は大いにあると思うのです」と中華料理についてシェフが語るのを聞くたびに、料理人は常に自分に刺激を与え続けることが重要なのだと思う。

必要なのは柔軟性

話が熱を帯びてくると、シェフは想いをどんどんぶちまける。

「この年になって、もっともっと学びたいという意欲が強くなってきました。他人の意見に耳を傾けるようになったとも思います」。これまでは勢いで走り続けてきたが、これからは先輩の言葉をもっとかみ締めたいという。「先日、60歳を過ぎた方と知り合いました。ラーメン店をかなりたくさん経営されている方な

のですが、未だに柔軟な頭の持ち主で、自分がその年になったとき、そんなに柔軟でいられるかなと思うと、自然と話を聞こうと思います」。加えて「再度イタリアに行って、向こうで勉強するというのもありです」とも。若い年齢でイタリア修業に行く人は多いが、40歳を過ぎてという料理人は極めて少ない。確実にベースが異なるので、学ぶ内容と消化するスピードや角度、深さが大きく違うはずだ。もしこれが実現すれば、日本のイタリア料理界に対して新たな波紋を投げかけるかもしれない。

10年目を迎えた今年は料理店にとっては一つの分岐点かもしれない。独立して無我夢中で数年は走り続ける。走りながらいろいろな人たちとの出会いを重ね、人間も料理も熟成を重ねてゆく。少しずつベテランの域に入り、若い料理人からは兄貴分として認識される。ここでそのまま走り続けるか、冷静に自己を見つめ、いかなるネットワークを持ち新たなステージを考えるかで、方向性は大きく違ってくる。

今回浅井シェフと話し、明らかに後者の道を歩んでいると感じ、料理だけのことを考え

るのではなく、自分の理想像をつねにリセットしながら走っている料理人なのだという印象を強く持った。今後、料理の世界はジャンルやカテゴリーで峻別されるのではなく、むしろ個人の生き方や哲学が尊重される時代になるはずだ。そこで「人に興味があるんです」

と宣言し、「火傷しそうな空間で料理を作りたいんです」と言い切れるシェフの動向から常に目が離せないと感じた。

（2011年8月号掲載）

イ ヴェンティチェッリ

◆兵庫県西宮市樋之池町24-16 アドール苦楽園1F ☎0798・74・0244 ㊢11:00～14:00㊤、17:30～22:00㊤ ㊡水曜（祝日の場合は営業）㊋阪急甲陽線苦楽園口駅から㊍15分 Ⓟなし ㊈ベター ㋕不可 ㊌テーブル26席※全席禁煙 ㊎ランチ1365円～。ディナーコース4725円～。Gワイン525円～、Bワイン2940円～。※夜はサ5%別

（P307）

「ポレンタ イン カテナータ 3種のサルサを添えて」1260円は金針菜、キャベツ、マコモダケ、キクラゲなどをポレンタの中に入て焼く。

（P308）

「オマールエビと髪菜（ファーサイ）の入ったイタリアの大人のエビチリ 酸味のあるクスクス添え」3150円。

あとがき

先日、とある九州の有名な温泉にでかけた。まもなく80歳を迎えようとする御主人は「宿の食事というものに結論はないですね。部屋食がいいと思っていたのですが、最近は皆さん割烹スタイルに慣れておられるので、一つカウンターを作ろうかなと思ったりもします」と話された。宿に泊まる。そこでどんな食事をするか。それによって宿の印象が大きく変わることを御主人は熟知されているのだ。常に時代の流れに即応しなければ、泊まる側は「もうあそこは古い」と感じる。この古さとは「マンネリ」と置き換えてもいいのだろう。

この本を作るにあたり、50名の卓越した料理人との交流を改めて振り返ることができた。共通項は、彼らが「飽き性」だということであった。ひととところに留まることが耐え難い、いや常に他人より一歩でも先んじていたい、と考えるのだ。食べる側が飽きる前に作り手が先に飽きてしまう。そういう性の持ち主が、僕は好きなのだと思った。

とはいえ、古きをすべて捨て去るのではない。むしろその中にも、新たなヒントはたくさん隠されている。彼らが、営業時間以外の時をいかに使うか。そこで何を感じ、どのような行動をとるのか。僕にとっては非常に興味深いことであった。

つまり料理店では見えないところに、料理人が料理を作る重要なポイントがあるのだ。そこをいかに聞きだし、言葉を綴ってゆくか。とてもエキサイティングな経験である。

基本的に文章は連載時の感動を伝えたいために、ほぼそのままにした。よって現在（２０１１年）の料理店は、また新たな表情を見せている。その変化も愉しみである。

5年も連載を続けると担当する編集者も変わる。現在編集部デスクの住吉慎太郎さんを皮切りに、河宮拓郎さん、阿地あずささん（惜しくも二人は会社を辞し、フリーで活躍中）、そして現在はデスクの安藤善隆さんである。安藤さんには単行本を作るに際しても多大かつ偉大な力を発揮してもらった。彼の尋常でない粘りと行動力で、この本は完成することになった。この4人を始め、取材に応じてくれた料理人の方々、原稿をサポートして余りある写真を撮ってくれた鈴木誠一さんにも感謝の意をささげたい。

最後に二ヶ月ほど前に出会った80歳の寿司職人は「まだまだやりたいことがあるんです」と語った。いつまでも終わりはやってこない。料理人との交流を続けたいと強く思った次第である。

索引（50音順）

索引（ジャンル別）

本書は『あまから手帖』2007年2月号〜2011年8月号に掲載された「僕を呼ぶ店」に加筆・修正したものです。

門上 武司
1952年大阪生まれ。フードコラムニスト。

大阪外国語大学露西亜語学科中退。

料理雑誌『あまから手帖』の編集顧問を務めるかたわら、食関係の執筆、編集業務を中心に、プロデューサーとして活動。主な著書に、『スローフードな宿』(木楽舎)、『京料理、おあがりやす』(廣済堂出版)等。

『水野真紀の魔法のレストラン』(毎日放送)ではコメンテーターを務める。

日本ソムリエ協会名誉ソムリエ。国内を旅することも多く、各地の生産者たちとのネットワークも広がっている。食に携わる生産者・流通・料理人・サービス・消費者をつなぐ役割を果たす存在。

僕を呼ぶ料理店
著者 門上武司

2011年8月23日 発行

発行人 三浦一郎
発行所 株式会社クリエテ関西
〒531-0071 大阪市北区中津1-18-6 冨士アネックス3F
編集部 (06)6375-2330 販売部 (06)6375-2363
印刷所 図書印刷株式会社

ISBN978-4-906632-30-5
定価はカバーに表示してあります。